双流县地方志丛书一〇六

九三学社双流县志

（1993—2013）

九三学社双流县委员会　编

西南交通大学出版社
·成都·

图书在版编目（CIP）数据

九三学社双流县志：1993~2013 / 九三学社双流县委员会编. —成都：西南交通大学出版社，2016.3
ISBN 978-7-5643-4593-8

Ⅰ. ①九… Ⅱ. ①九… Ⅲ. ①九三学社 – 概况 – 双流县 – 1993~2013 Ⅳ. ①D665.7

中国版本图书馆 CIP 数据核字（2016）第 043275 号

九三学社双流县志

（1993—2013）

九三学社双流县委员会　编

责任编辑	张慧敏
封面设计	何东琳设计工作室
出版发行	西南交通大学出版社 （四川省成都市二环路北一段 111 号 西南交通大学创新大厦 21 楼）
发行部电话	028-87600564　028-87600533
邮政编码	610031
网　　址	http://www.xnjdcbs.com
印　　刷	成都蜀通印务有限责任公司
成品尺寸	210 mm × 285 mm
印　　张	11.25
插　　页	8
字　　数	234 千
版　　次	2016 年 3 月第 1 版
印　　次	2016 年 3 月第 1 次
书　　号	ISBN 978-7-5643-4593-8
定　　价	80.00 元

图书如有印装质量问题　本社负责退换
版权所有　盗版必究　举报电话：028-87600562

《九三学社双流县志》编纂委员会

顾　　问　戴晓雁
主　　任　蒲光树
副 主 任　夏仕蓉　邱　平
委　　员　李芳平　钟朝晖　黄志茹　钟　林　王功玉
　　　　　侯利蓉　干大木　李　祥　赵建国　彭　锦

《九三学社双流县志》编辑部

总　　编　蒲光树
副 总 编　邱　平
编　　辑　邱　平　程琢玉

《九三学社双流县志》审查验收小组

组　　长　刘泽夫
成　　员　范贤玉　李思健

领导关怀

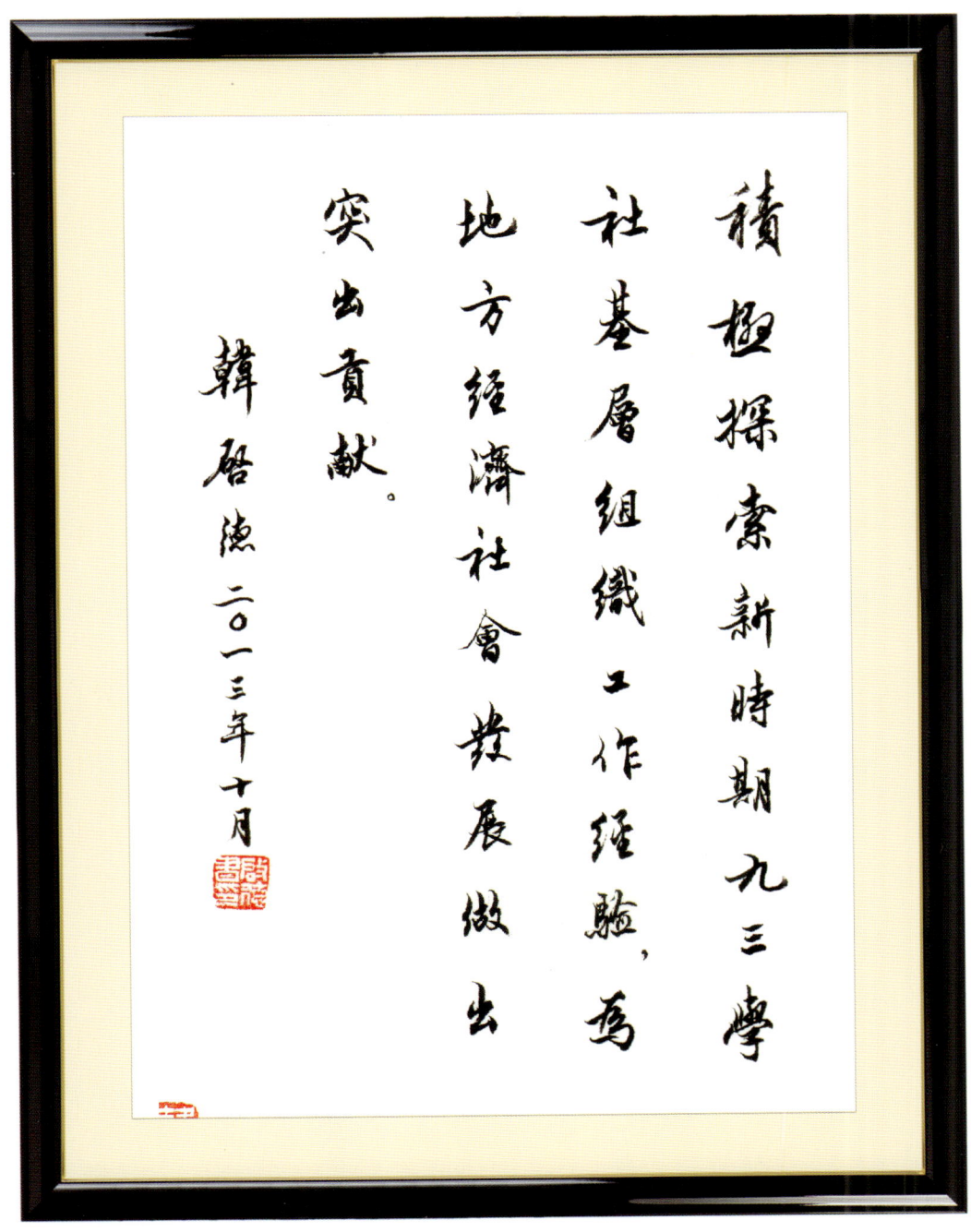

2013年10月，九三学社中央主席韩启德为九三学社双流县委员会题词

领导关怀
leadership concern

2013年5月,九三学社中央主席韩启德(左四)亲切接见九三学社双流县委主委蒲光树(左三)、副主委(左起:黄志茹、钟朝晖,右起:王功玉、钟林、李芳平)

2008年1月,九三学社四川省委主委、省政协副主席黄润秋(右二)和社市委主委、市政协副主席戴晓雁(右四)调研双流县支社工作

2005年9月，中共双流县委书记谢瑞武（右三）等县领导参加九三学社双流县支社庆祝九三学社成立60周年大会

2009年3月，中共双流县委书记高志坚（左三）参加九三学社成都市委在双流召开的基层组织建设工作现场会

组织建设

1993年11月，中共双流县委书记金世诚（会标下左二）参加九三学社双流县支社成立大会

2008年11月，九三学社双流县委员会成立大会

2013年9月，中共双流县委常委、县委统战部部长甘立军（中）调研九三学社双流县委组织建设工作

2013年9月，九三学社双流县委员会社员合影

思想建设

2006年3月，九三学社双流县支社组织社员到重庆瞻仰九三学社成立旧址

2007年3月，九三学社双流县支社社员为"王选关怀基金"捐款

2007年8月，九三学社双流县支社召开政治交接学教活动专题学习会

2012年11月,九三学社双流县委召开学习中共十八大精神座谈会

2013年4月,九三学社双流县委主办的《双流九三》出版

2013年5月,九三学社成都市委和双流县委召开精神家园建设理论研讨会

调研建言

2004年11月,九三学社双流县支社围绕县委、县政府的中心工作,深入开展议政日活动

2004年10月,九三学社双流县支社在永兴镇大树村调研农村劳动力技能培训情况

2008年3月，主委蒲光树（后排右三）在永兴镇调研"三农"问题

2003年6月，九三学社双流县支社调研国栋公司新材生产

2013年8月，九三学社双流县委调研西航港城市管理工作

社会服务

2008年5月，九三学社中央主席韩启德（前排左二）、副主席王志珍（前排左三）等领导视察九三学社双流县支社社会服务工作

2009年11月，社员徐康（左一）、干大木（左二）在永兴镇对农民进行草莓种植技术培训

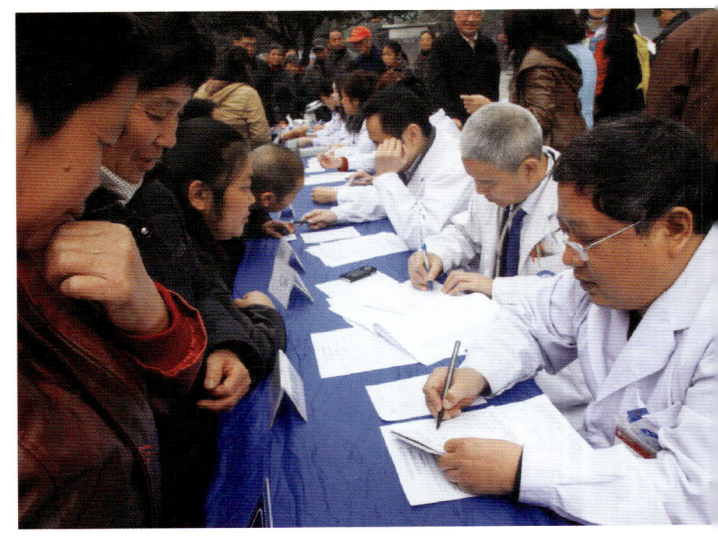

2012年11月，九三学社双流县委在东升街道进行义诊活动

社会服务
community service

2004年7月，九三学社双流县支社在籍田镇红碑村为村民张修贵修建的微水池

2008年5月汶川地震发生后，支社副主委、县卫生执法大队副队长胡月明（左一）在都江堰受灾群众集中安置点监督指导食品卫生工作

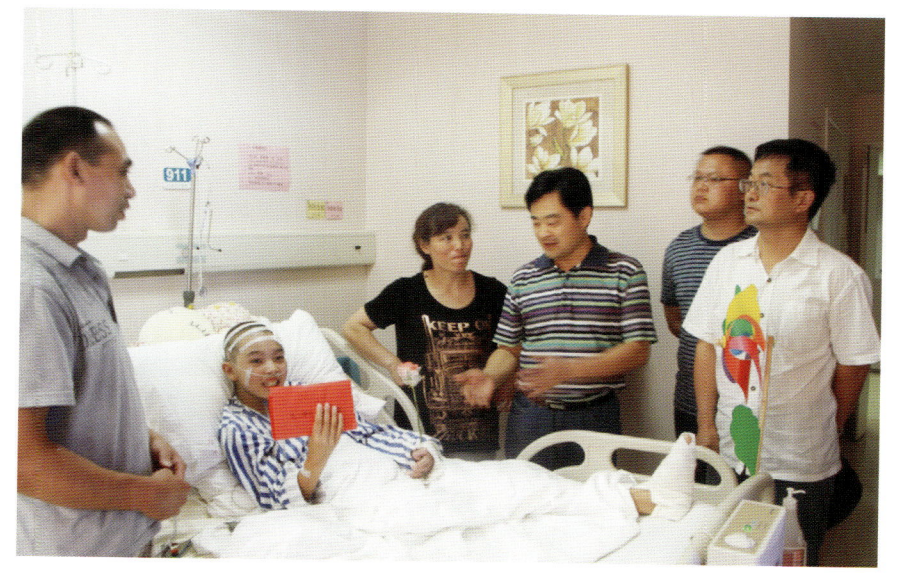

2013年6月，九三学社双流县委（右起：副主委邱平、钟林，主委蒲光树）到四川大学华西医院看望"4·20"芦山地震中受重伤的女孩黄思怡

学习交流

2005年6月，主委蒲光树（左一）在九三学社组织部长暨部分基层组织负责人座谈会上交流双流县支社工作经验

2011年4月，九三学社双流县委与成都信息工程学院支社联合过组织生活

2013年4月，九三学社双流县委班子成员到资阳市学习考察（右为九三资阳市委领导）

慰问社员

2010年春节前夕，社市委主委戴晓雁（左一）参加九三学社双流县委活动时慰问老年社员

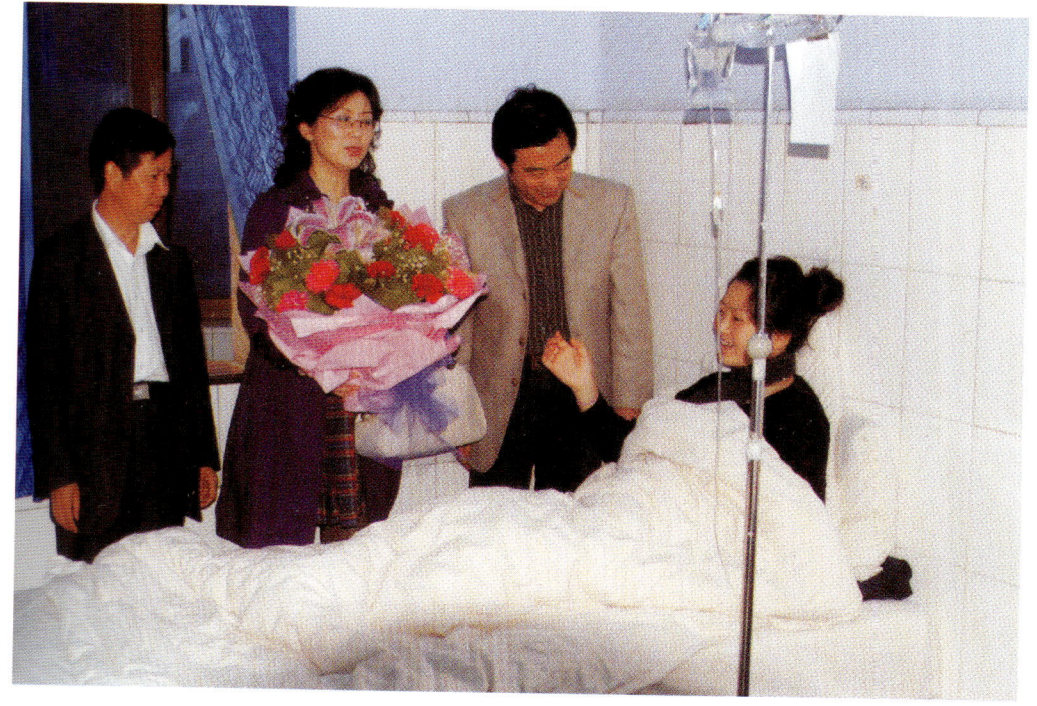

2009年10月，社县委看望慰问生病住院的社员

荣 誉

九三学社双流县支社获社中央先进基层组织

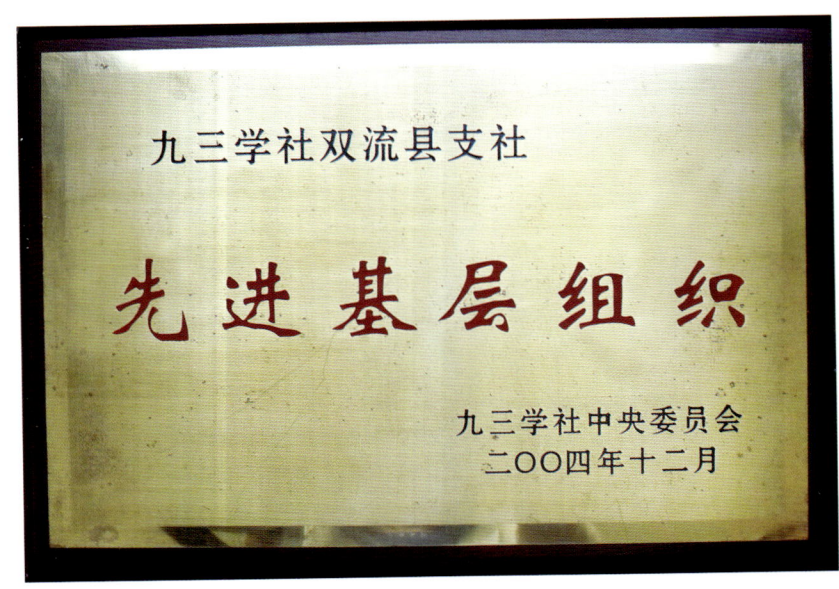

九三学社双流县支社获社中央先进基层组织

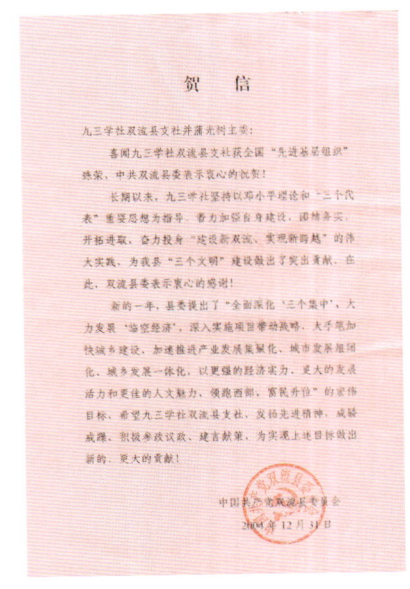

2004年12月，中共双流县委给九三学社双流县支社发的贺信

荣誉 honour

2001年，社员魏知常获四川省人民政府科技进步二等奖

1998年，社员夏仕蓉获四川省人民政府科技进步三等奖

2008年，社员干大木获四川省人民政府科技进步三等奖

2010年9月，社员蒲光树被社中央评为优秀社员

2010年4月，社员潘泽恩被中共成都市委、市人民政府授予成都市劳动模范荣誉称号

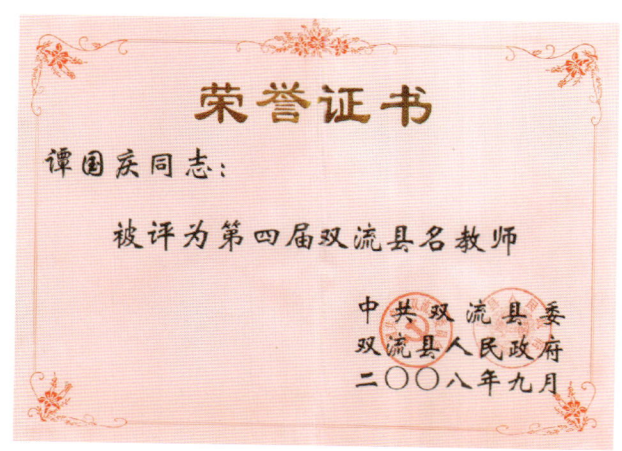

2008年9月，社员谭国庆被中共双流县委、县人民政府授予第四届双流县名教师称号

办公场地

位于东升街道安福街23号的九三学社双流县委员会办公楼大门

九三学社双流县委员会接待室　　九三学社双流县委员会办公室

序

二十年，在历史的长河中，不过白驹过隙，但对于成立于 20 年前的双流县基层组织而言，从诞生之日起，由 7 人组成的直属小组，发展到 75 人的委员会，在中国特色的社会主义民主政治的道路上不断探索成长，两度获得"九三学社全国先进基层组织"称号，一定有其独到之处。

双流县社组织自成立始，抓组织建设不仅非常扎实，且富于创新，探索出了不少基层组织建设的好经验，其组织建设成效、社员凝聚力和基层组织活力均非常出色，在社市委基层组织中名列前茅，受到社省委和社中央高度关注。九三学社中央副主席邵鸿在2010年"九三学社成都市委基层组织建设工作（双流）现场会"上，对双流县委员会的工作给予了充分肯定。他说："对于双流县委员会，社中央并不陌生，它先后两次被社中央评为全国先进基层组织，多次在社中央召开的基层组织会议上作为先进基层组织代表发言，获得了好评。2008 年 5 月社中央常委会也在双流召开，可见九三双流县委员会在双流的实力非同一般，影响力不同寻常。刚才听了光树主委的发言，我深受启发，觉得其中有很多亮点，具有普遍意义，值得在全社总结、推广。"

双流县社组织自夏仕蓉主委初创并历经艰辛发展，至蒲光树主委率领两度荣获全国先进基层组织，在此历程中逐步形成了"一载体一主线四重点二平台"的基层组织建设模式，基层组织建设取得了辉煌成绩，在全国社组织中享有盛誉。俗话说，创业难，守业更难。双流县委员会知难而进，在既往良好的工作基础上，不断开创基层组织建设的新局面。比如，充分研究基层组织的特性，针对多数社员在基层组织活动几十年的情况，首创提出了在基层组织建设九三精神家园的理念，并努力付诸探索实践，为社员营造出和谐温暖的基层组织精神家园，让社员以九三学社为荣，把为九三学社增光添彩作为人生的成就，共同守护九三精神家园。双流县委员会不仅从制度和机制建设上不断强化基层组织建设，而且从精神层面倡导社员之间的互助互爱和共同发展，不断强化组织的存在感，不断深化社组织对社员的精神感召，社员精神面貌焕然一新，社的凝聚力和社会形象得到极大提升。

"读史使人明智。"《九三学社双流县志》虽然仅仅是一个基层组织二十年的发展历程，却从民主党派基层组织的视角，反映了中国共产党领导的多党合作和政治协商制度的发展与进步，展现了改革开放以来九三学社和民主党派历史地位与政治作用的演变与提升，也昭示了中国特色民主政治发展道路的现实意义与未来前景。同时，本书还反映了双流县委员会广大社员的事迹与成就，彰显了九三学社"民主与科学"优良传统与精神风貌。这些，对于我们基层组织建设，对于基层组织精神家园的建设，对于更好地发挥参政党作用，增强组织的凝聚力，具有重要的意义。

　　二十度春秋，如歌岁月，留下的是双流九三人爱国爱社爱县的真挚情感、忧国忧民的真知灼见、民主与科学的执着追求。回望历史，曾经岁月的沉思和温馨的回忆仍然鲜活；展望未来，中国特色社会主义民主政治的前景更为宽广。我们有信心，更有耐心，在实现中国梦的征程中，在中国共产党领导的多党合作事业的不断完善和发展进程中，再创佳绩。让我们期待双流县委员会下一个辉煌的二十年。

　　谨序。

戴晓雁
2013 年 9 月 15 日

凡 例

一、《九三学社双流县志》围绕中国共产党和国家的中心工作，以建设中国特色社会主义的总体目标为准绳，遵循爱国统一战线方针政策和九三学社宗旨，运用辩证唯物主义和历史唯物主义的观点和方法，系统地记载九三学社双流县基层组织成立、发展的历史，工作开展的情况和工作所取得的成效，力求思想性、科学性和资料性相统一。

二、本志上自1993年，下至2013年，记述九三学社双流县基层组织二十年来的发展情况。

三、本志由概述、大事记、专志、人物、附录五类组成，以专志为主体。本志分别运用记、志、传、图表、附录等体裁编纂，并附以相关的照片，照片集中置于卷首。

四、本志用语体文、记述体书写，以第三人称记述。以《行文规定》规范文风，以1986年10月国家语言文字工作委员会重新发表的《简化汉字总表》和国家语言文字工作委员会和中华人民共和国新闻出版署1990年3月修订发布的《标点符号用法》规范用字和标点符号。力求文字简洁、朴实，文风端正、统一。

五、根据九三学社双流县委员会的特点和实际，本志设专志5篇，以中共双流县委的领导、组织建设、思想建设、参政议政、社会服务为序排列；其内容按篇、章、节、目（目以汉字一、二、三……代替）四个层次设标编纂。

六、本志大事记用公元纪年编写。

七、本志叙述中，1993年8月至2008年11月前九三学社双流县支社简称"支社"；2008年11月成立九三学社双流县委员会以后，简称"社县委"；综合性叙述中统称为"九三学社双流县基层组织"。

八、本志所用资料来自九三学社双流县基层组织历年的简报、总结、工作记载、工作图片和成立十年纪念文集《在发展中前进》等。

目 录

概 述 ·· 1

大事记 ··· 4
  一、九三学社双流县支社大事记 ·· 4
  二、九三学社双流县委员会大事记 ·· 9

特 载 ·· 12
  努力搞好基层组织建设　立足本职岗位建功立业 ··· 12
  深入开展政治交接学教活动　推动支社工作健康发展 ······································ 17
  突出抓好"五个结合"　建言献策成效显著 ··· 20
  搞好基层组织建设　夯实参政党组织基础 ··· 24
  积极争取党的领导　全力推动九三发展 ·· 31
  秉承民主与科学宗旨　共建九三学社精神家园 ··· 34

专题记述 ·· 40
  科技铺就致富路 ·· 40
  亲切关怀　巨大鼓舞 ·· 42
  积极参加抗震救灾　热情奉献人间大爱 ·· 43

第一篇　政治建设

第一章　政治领导
  第一节　共产党领导的多党合作制度的建立 ·· 45
  第二节　中共双流县委的政治领导 ··· 45

第二章　组织领导
  第一节　中共双流县委重视九三学社双流县基层组织发展 ································· 46
  第二节　中共双流县委重视九三学社双流县基层组织人才队伍建设 ···················· 47

第三章　中共双流县委支持九三学社双流县基层组织活动开展及阵地建设
  第一节　活动开展 ··· 47
  第二节　阵地建设 ··· 48

第二篇 组织建设

第一章 机构设置
第一节 历史沿革 ... 49
第二节 组织机构 ... 50
一、直属小组 ... 50
二、支　社 ... 50
三、社县委 ... 50
第三节 班子与队伍建设 ... 50
一、班子建设 ... 50
二、组织发展 ... 52
三、人才队伍建设 ... 52
四、加强支社工作指导 ... 53
五、组织关怀 ... 53
第四节 九三学社省、市代表大会代表和委员 ... 54
一、九三学社四川省代表大会代表 ... 54
二、九三学社成都市代表大会代表 ... 54

第二章 组织生活
第一节 组织生活制度 ... 54
第二节 组织生活活动 ... 55
一、组织生活活动概述 ... 55
二、组织生活活动内容 ... 56
第三节 书画院活动 ... 62

第三章 基层组织变动
第一节 基层组织班子变动 ... 63
第二节 社员变动 ... 65
一、社员入社情况 ... 65
二、社员组织关系变动情况 ... 66
第三节 支社分组情况 ... 66
第四节 社县委各支社班子变动情况 ... 67
第五节 社县委各支社社员名单 ... 67
一、东升支社 ... 68
二、西航港支社 ... 68
三、华阳支社 ... 68

第三篇　思想建设

第一章　政治理论学习 … 69
第一节　主要做法 … 69
第二节　学习内容 … 69
第二章　九三学社章程学习和社史教育 … 72
第三章　九三学社先进代表人物事迹学习 … 74
第一节　简　述 … 74
第二节　学习内容 … 74
第四章　九三学社精神家园建设 … 75
第一节　精神家园建设的提出 … 75
第二节　精神家园建设的探索与实践 … 76
一、精神家园建设工作思路 … 76
二、精神家园建设的主要做法 … 76
第三节　精神家园建设理论研讨 … 77

第四篇　参政议政

第一章　参政议政工作 … 79
第一节　参政议政措施 … 79
一、建立参政议政制度 … 79
二、建立参政议政队伍 … 80
第二节　对口联系工作 … 80
第三节　专题发言 … 82
第四节　会议发言 … 83
第五节　人大代表建议 … 84
第六节　政协委员提案 … 86
一、九三学社历届政协委员提案 … 86
二、九三学社双流县基层组织政协委员优秀提案人 … 92
三、其他政协活动 … 92
第七节　社情民意反映 … 93
第八节　议政日活动 … 94
一、建立"议政日"制度 … 94
二、"议政日"活动 … 95

  第九节 调查研究活动及成果 ··· 95
   一、简 述 ·· 95
   二、调查研究活动及成果 ··· 96
 第二章 参政议政人选 ·· 99
  第一节 实职安排 ·· 99
  第二节 政治安排 ·· 100
   一、人大代表 ·· 100
   二、政协委员 ·· 101
  第三节 特邀监察员、监督员 ··· 103

第五篇 社会服务

 第一章 科技服务 ·· 104
  第一节 农业先进实用生产技术培训 ·· 104
  第二节 农业产业化技术支持 ·· 106
   一、技术支持粮油生产优质高产 ·· 106
   二、技术支持冬草莓产业发展 ·· 106
   三、技术支持梨子产业发展 ·· 107
   四、技术支持枇杷产业发展 ·· 107
  第三节 农村科技帮扶 ··· 107
   一、制定科技帮扶工作职责 ·· 107
   二、开展科技帮扶活动 ··· 107
   三、参与"九广合作"活动 ·· 108
  第四节 科技下乡 ·· 109
 第二章 医疗卫生服务 ·· 110
  第一节 义诊活动 ·· 110
  第二节 基层卫生院帮扶工作 ·· 111
  第三节 其 他 ·· 111
 第三章 其他社会服务 ·· 112
  第一节 开展"国际科学与和平周"活动 ··································· 112
  第二节 抗震救灾活动 ··· 113
  第三节 其 他 ·· 114
   一、爱心活动 ·· 114
   二、文艺活动 ·· 114

人　物 ··· 116
　一、九三学社中央历届领导班子名录 ··· 116
　二、九三学社双流县委员会主委及部分社员简介 ································ 119
　三、九三学社双流县委员会社员基本情况统计表 ································ 133

附　录 ··· 138
　一、文　存 ·· 138
　二、国际科学与和平周活动简介 ··· 148
　三、九三学社双流县委员会获奖项目、科技成果、科技论文和
　　　文艺作品发表情况 ··· 150

编后记 ··· 165

概 述

为秉承"民主与科学"宗旨，弘扬"民主与科学"精神，学习和发扬九三学社老一辈革命家、科学家求真务实、科学创新和无私奉献精神，1983年至1989年，双流县有五位同志先后加入九三学社，参加四川省农科院支社组织生活活动，后于1991年初转入成都市城区第四支社参加组织生活活动。1991年至1992年，又有两位同志先后加入九三学社。至此，双流县九三学社社员已有7人，他们都是农业、水电、教育、医卫等方面的科技骨干，是九三学社双流基层组织的奠基人。1992年4月4日，经九三学社成都市委批准，九三学社成都市委员会双流直属小组成立。

1993年，社员发展到12人。11月4日，经九三学社成都市委批准，成立九三学社成都市委员会双流县支社。九三学社双流县支社成立后，加强社员思想政治学习，加强九三学社社史教育，接受九三学社成都市委指导，社务工作有声有色。根据民主党派组织建设原则，不断加强组织建设，组织机构逐步完善，领导班子成员优秀；严格遵循组织发展的指导思想和基本方针，正确处理发展与巩固、数量与质量的关系，有计划地在医卫、科技、教育、机关、农林水电等部门的中、高级知识分子中发展社员，支社聚集了一批业务精英人才。支社成立10周年时，共有社员31人，具有高级技术职称的社员14人。从支社成立至2008年8月，历经1997年1月、2000年12月、2005年11月三次换届。

在九三学社成都市委的关怀下，九三学社双流县支社不断发展壮大。为便于更好地开展组织活动，根据社员地域分布，2008年4月，九三学社双流县支社分别建立东升支社、西航港支社和华阳支社。2008年9月，经九三学社成都市委批准，成立九三学社双流县委员会，下属东升支社、西航港支社和华阳支社三个支社。2009年3月、2011年7月和2013年7月，社县委又历经三次领导班子调整，一批年轻有为、朝气蓬勃的优秀人才进入领导班子。九三学社双流县委员会组织机构健全，组织建设完善。不断发展优秀人才尤其是年轻优秀人才入社。社员来源涵盖教科文卫、农林水电、民营企业、人大、政协及政府机关等领域，专业多样，人才济济。社员们热爱"九三"，"九三"给予社员以进步的动力。社员们在各自工作岗位上积极工作，取得了巨大成绩。很多社员连年被评为先进工作者，在农业、科技、水利水电、医疗卫生、文化教育、民营企业等方面荣获的科技成果奖、科技进步奖、优秀项目奖硕果累累；在国家级、省级、市级刊物上发表的科技论文、文学作品比比皆是。九三学社双流县基层组织更加朝气蓬勃，充满生机与活力。九三学社双流县委员会不断解放思想，推动科技发展，促进社会和谐，为地方经济建设和社会进步作出了应有的贡献。

在"爱国、民主、科学"旗帜的引领下，九三学社双流县基层组织围绕"抓建章立制，工作规范有制度；抓组织建设，人才强社有成效；抓调查研究，议政建言有价值；抓组织生活，主题鲜明有意义；抓媒体宣传，重要活动有报道"等重要内容，卓有成效地开展工作。

首先，为规范社务工作，规范工作作风，规范组织生活，制定一系列切实可行的规章制度，如《社县委主委会会议制度》《社县委班子成员工作职责》《支社主委工作职责》《社县委组织生活制度》《社县委与社员工作单位联系制度》《议政日制度》《奖励制度》等，从领导班子到每个社员，人人遵守，使工作开展有序有效。其次，采用考察、座谈、演讲、选拔、培训等方式，在社员中发现人才，培养人才，推荐担任机关单位领导职务，或推荐到部门挂职锻炼。再次，将参政议政、调查研究作为重点工作来抓，社员中的市、县人大代表、政协委员认真履职，在每一年的市县"两会"上，为社会经济发展积极建言献策；组织社员参加"议政日"活动，开展社情民意调查和反映；广泛开展调查研究活动，调查研究区域性工业、农业经济发展的特点和前景，医疗改革问题，城乡一体化给本县带来的发展，经济建设中保护生态环境的重要性，文化教育改革等课题。每年向人大、政协提交的提案、形成的优秀调研报告和专题发言具有较高的参考价值；有的提案被评为优秀提案，有的调研报告和会议发言因参考价值较高，得到市委、市政府、县委、县政府领导的批示并采纳实施。社员们参政议政，为市委、市政府和县委、县政府决策当好了参谋。开展丰富多彩的组织生活，是基层组织的重要任务，组织社员学习社章、学习社史，学习统战理论，学习中国共产党的重要政治文件，学习有关"中国梦"的精神，加强思想建设，提升政治素养；通过参观调研、联谊活动等，了解社会经济发展，学习工作经验。组织社员为"三农"提供农业产业化技术服务，到乡镇开展先进实用生产技术培训，大力推广科技成果。利用每年的"文化、科技、医药三下乡"和"国际科学与和平周"活动，组织社员开展科普宣传、科技咨询、送医药下乡、义诊等活动，把科技送到社区、送到农村，送到边远地区，送到村民身边。开展"科技扶贫活动"，以科技、资金扶持籍田镇、永兴镇等经济发展相对缓慢山区的贫困户，帮助他们脱贫致富。组织社员参与"九广"（九三学社四川省委与广元市）科技支边扶贫。

社县委在 2009 年首创"精神家园建设"活动。通过不断探索与实践，基层组织和社员以共同的理想信念为纽带，以国家荣誉、九三宗旨、社会责任构建精神家园，社员在这个家园中获得精神支撑和精神慰藉。2013 年 5 月 26 日，九三学社成都市委员会、九三学社双流县委员会在棠湖宾馆隆重举行"九三学社成都市委员会、九三学社双流县委员会精神家园建设理论研讨会"，社员一篇篇研讨论文，从理论上和实践上诠释了建设精神家园的重要意义。研讨会将社县委关于"精神家园建设"的创举推到一定的高度和广度。

20年来，九三学社双流县基层组织工作出色、有特点，得到了社中央、社省委和社市委的高度肯定，连年被社中央、社省委、社市委评为先进集体。2004年，在九三学社中央第十一届三中全会上，支社被评为全国先进基层组织，当时是四川省唯一获此殊荣的基层组织；2005年再次被社中央评为先进基层组织，支社主委蒲光树被评为社中央优秀社员，荣获表彰。2008年5月，九三学社第十二届中央常委会第三次会议在双流县隆重召开，韩启德主席等九三学社中央领导视察双流县域乡统筹工作、九三学社双流县基层组织政治交接学教活动和社会服务工作，并与双流县社员一起座谈。韩主席在座谈会上的重要讲话，社中央领导对社县委工作的视察和肯定，使社县委和社员受到极大的鼓舞和鞭策。

九三学社双流县委员会现有社员82人。其中，历届成都市人大代表6人（其中常委1人），市政协委员3人（其中常委1人）；县人大代表21人（其中常委会副主任1人，常委1人），县政协委员25人（其中副主席1人，常委9人）；副局级领导3人；正高职称2人，副高职称35人，中级职称37人，其他8人。

大 事 记

一、九三学社双流县支社大事记

1992 年

4月4日，经九三学社成都市委批准，成立九三学社成都市委双流直属小组。

1993 年

5月，直属小组组长夏仕蓉当选为九三学社成都市第七届代表大会代表。

11月4日，九三学社双流县支社成立，共有社员10人。成立大会于1993年11月23日在双流县农业局招待所三楼会议室举行。九三学社四川省委和九三学社成都市委领导、九三学社华西医科大学委员会、四川省农科院支社和成都市委城区第一支社、第四支社前来祝贺。中共双流县委、县政府、县政协主要领导同志，县级有关部门领导，社员所在单位中共党组织负责人，县民盟、民革、民进、工商联和黄埔同学会代表等应邀参加成立大会。

12月，支社主委夏仕蓉当选为成都市第十二届人大常委会常委。

1994 年

支社分别被九三学社四川省委和九三学社成都市委评为社务工作先进单位。

1996 年

7月，参与县委统战部组织的各民主党派对农村"稳粮奔小康"的专题调查，支社社员夏仕蓉、卢建刚、邸平参加。

1997 年

3月25日，社员夏仕蓉、邸平当选为九三学社成都市第八届代表大会代表。

4月，九三学社成都市委批准支社换届选举，夏仕蓉担任支社主委，邸平担任副主委。

4月18—21日，支社主委夏仕蓉出席九三学社四川省第四次代表大会。

5月19—22日，在成都望江宾馆召开的九三学社成都市第八次代表大会上，邸平当选为九三学社成都市第八届委员会委员。

6月，县委统战部主持举办"各民主党派庆香港回归书画展"，支社主委夏仕蓉在九三学社四川省委第四次代表大会上征得全国著名书画家李照熙、内江市书法家饶永才、自贡市书画家陈剑英、成都市书法家孙仁杰等优秀作品参展。支社业余书法家周嗣铨共三十多件作品参展。县委统战部为以上同志颁发奖状。

12月26日，支社在成都市各民主党派工商联召开的大会上被评为"两个文明建设先进集体"，授予奖牌和奖金。

1998年

社员张正明当选为成都市第十三届人民代表大会代表、双流县第八届人民代表大会代表。

社员邸平、李英杰、龚文贤、魏知常、潘泽恩、侯利蓉等当选为政协双流县第七届委员会委员，其中邸平、李英杰、龚文贤三人当选为常委。

1999年

9月22日，支社组织召开庆祝中华人民共和国成立50周年座谈会。

2000年

3月31日，中共双流县委统战部主持召开双流县"民主党派第二次跨越"座谈会，支社全体成员参加，支社副主委邸平在会上发言。社市委副主委兼秘书长柳企丰在座谈会上讲话。

11月22日，支社由于工作需要，特请示九三学社成都市委批准提前一年换届。选举九三学社成都市委双流县支社第三届领导班子。蒲光树任主委，邸平任副主委。社市委副主委柳企丰和中共双流县委统战部部长李大述参加选举大会。

2001年

9月14日，支社社员大会选举出席九三学社成都市第九次代表大会代表，推选社市委委员候选人。大会以无记名投票方式，选举蒲光树、邸平为九三学社成都市第九次代表大会代表，推选蒲光树为九三学社成都市第九届委员会委员候选人。

11月9—11日，九三学社成都市第九次代表大会在成都市金牛区安蓉酒店召开。

蒲光树、邱平作为正式代表，夏仕蓉作为特邀代表参加会议。会上，蒲光树当选为九三学社成都市第九届委员会委员。

11月30日，讨论通过《支社组织生活制度》《支社委员会组成人员工作职责》《支社组长工作职责》。

2002年

1月，支社在炬星宾馆召开会议，以无记名投票方式，选举李英杰为九三学社四川省第五次代表大会代表。社市委秘书长唐玲丽、中共双流县委统战部部长李大述等参加选举并讲话。

4月16日，增补李芳平为支社副主委。

12月，支社被社市委评为"社务工作先进集体"；邱平被评为"社务工作积极分子"。

2003年

11月20—23日，支社副主委李芳平、委员李英杰参与"九广合作"活动，到广元市进行执业医师考试培训工作。

11月28日，九三学社双流县支社成立十周年庆典在金水缘酒楼会议厅举行。中共成都市委统战部党派处处长吴方，九三学社成都市委老领导柳企丰、组织处处长王民，中共双流县委副书记、纪委书记张秀华，县政协主席周德洪、副主席裴琼芳，县委统战部副部长周胜川、周忠艳以及九三学社成都市委所属基层组织负责人，双流县各民主党派基层组织负责人，双流黄埔同学会代表，九三学社双流县支社全体社员参加庆祝大会。110余人济济一堂，同庆双流县支社成立十周年。吴方、柳企丰、张秀华、周德洪、周忠艳分别代表市委统战部、社市委、中共双流县委、县政协和县委统战部在会上讲话。九三学社双流县支社主委、县人大常委会副主任蒲光树回顾了九三学社双流县支社十年发展历程。

2004年

3月，实施九三学社成都市委帮扶计划，设立"农村科技扶贫项目"，成立科技帮扶工作组，对籍田镇、永兴镇5户特困户实施科技扶贫。

5月15—16日，组织全体社员到广安参观邓小平故居。

12月7日，在九三学社中央第十一届三中全会上，支社被社中央评为"全国先进基层组织"，成为四川省当年唯一获此殊荣的九三学社基层组织。

12月31日，中共双流县委发来贺信，祝贺九三学社双流县支社荣获全国"先进基层组织"。

2005年

1月5日下午，支社荣获全国"先进基层组织"汇报会在县委组织部会议室召开。九三学社成都市委主委、市政协副主席高庆，县领导张秀华、李燎、汪永兴、谢仁根、周健、李仁、高秀文，县委统战部，民革、民盟、民进双流支部，县政府对口联系支社的环保局、计经局、审计局、监察局等部门负责人参加会议。支社主委、县人大常委会副主任蒲光树汇报支社工作。九三学社成都市委主委、市政协副主席高庆，中共双流县委副书记张秀华分别作重要讲话。

4月22日，组织生活会上，讨论通过《九三学社双流县支社奖励制度》。

6月1—3日，九三学社组织部长暨部分基层组织负责人座谈会在广州召开，九三学社双流县支社参加会议并交流基层工作经验。社中央常务副主席陈抗甫作关于组织建设的报告。支社主委蒲光树在会上从"抓建章立制，工作规范有制度；抓组织建设，人才强社有成效；抓调查研究，议政建言有价值；抓组织生活，主题鲜明有意义；抓媒体宣传，重要活动有报道"等五个方面介绍工作经验。

9月3日，支社在炬星宾馆召开九三学社成立六十周年庆祝大会。中共双流县委书记、县人大常委会主任谢瑞武，县委副书记张秀华、胡天成，县人大常委会副主任刘尚文，县政府副县长周健、谢仁根，县政协副主席李仁、高秀文、刘东辉、李华等出席庆祝大会。县人大办、县政协办、县委统战部，对口联系九三学社双流县支社的县监察局、计经局、审计局、环保局等部门负责人，支社成员所在部门农发局、卫生局、园林局、水务局、教育局、县疾控中心、成都卫校双流分校、县妇幼保健院等单位负责人应邀参加。中共双流县委书记、县人大常委会主任谢瑞武代表县委、县人大常委会、县政府、县政协讲话。

2005年9月支社再次被社中央评为"全国先进基层组织"，在庆祝九三学社成立60周年大会上，受到社中央表彰；支社主委蒲光树被评为社中央优秀社员，社中央颁发荣誉证书。

12月1日，中共双流县委召开各界人士座谈会，征求2006年工作意见。支社蒲光树、邱平、李芳平、李英杰、侯利蓉、张正明参加座谈会。支社主委蒲光树代表支社作《同心协力 再创辉煌》的发言，对2006年县委、县政府工作提出建设性建议。其中"尽快治理江安河，促进江安河流域经济发展""整治东升、华阳小街小巷"等建议，受到县委书记、县人大常委会主任谢瑞武及县领导张秀华、朱建生、李仁等高度评价和肯定。

12月18日，支社在炬星宾馆召开社员大会，进行换届选举。通过无记名投票，选举蒲光树、邸平、李芳平、李英杰、侯利蓉、干大木、胡月明为支社班子成员。社市委组织处处长王民、县委统战部副部长周忠艳到会指导。

2006年

8月23日，支社在蓄联饭店三楼会议室召开大会，选举出席九三学社成都市第十次代表大会代表和出席九三学社四川省第六次代表大会代表。会议经无记名投票，选举蒲光树为九三学社四川省第六次代表大会代表，选举邸平、李芳平、李英杰为九三学社成都市第十次代表大会代表（蒲光树为九三学社成都市委提名代表）。九三学社成都市委主委、市政协副主席高庆、副秘书长张钟庆、组织处处长王民参加会议。

10月21日，九三学社成都市第十次代表大会在成都金牛宾馆召开，选举产生九三学社成都市第十届委员会，蒲光树当选为九三学社成都市第十届委员会委员、常委。

11月18日，在双流县人大换届选举中，蒲光树、龚文贤、侯利蓉、钟林、何新蓉、白玉琳、夏中琼等七位同志当选为双流县第十六届人民代表大会代表。

12月15日，支社在福达宾馆开展组织活动。主委蒲光树传达九三学社成都市第十次代表大会精神，通报双流县人大、政协换届情况。胡月明、山琳霞、干大木、赵晓、潘泽恩、邸平、李芳平、李英杰、张启良、易世福、钟朝晖等社员被协商为县政协委员。

2007年

8月9日下午，支社在福达宾馆会议室召开会议，组织全体社员深入学习胡锦涛总书记在中央党校省部级干部进修班上的讲话，传达社省委社务工作会和社市委基层干部培训会精神，深入学习"政治交接学教活动"的有关内容。

2008年

4月3日，社市委批准组建九三学社双流县东升支社、西航港支社、华阳支社，并同意各支社主任委员、副主任委员、委员分工名单。

4月28日，九三学社中央主席、全国人大常委会副委员长韩启德为九三学社双流县支社题词："和谐发展"。

5月6—12日，九三学社第十二届中央常委会第三次会议在双流县家园酒店召开，支社主委、县人大常委会副主任蒲光树列席会议。

5月7日晚上8点，九三学社中央领导与成都基层组织社员座谈会在金牛宾馆俱乐部会议室召开，支社全体社员参加座谈会并与社中央领导合影留念。会上，支社主委蒲光树向社中央主席韩启德及其他社中央领导汇报支社工作。支社社员周嗣铨向韩启德主席赠送书法作品"江山如画，鸟语花香"。

5月9日下午，九三学社中央主席、全国人大常委会副委员长韩启德，九三学社中央副主席、全国政协副主席王志珍等中央领导及与会人员视察双流县城乡统筹工作和支社政治交接学教活动、社会服务工作。

二、九三学社双流县委员会大事记

2008年

9月23日，九三学社成都市委根据《九三学社章程》规定，批准成立九三学社双流县委员会，蒲光树任主委。

11月9日，九三学社双流县委员会成立大会在棠湖宾馆举行。九三学社四川省委副主委，成都市委主委、市政协副主席戴晓雁出席成立大会。双流县政协主席胡天成，中共双流县委副书记王波，中共双流县委常委、统战部部长何敏，县政府副县长、民盟双流总支主委谢仁根，县政协副主席刘东辉应邀参加。会上九三学社成都市委副秘书长张平宣读《九三学社成都市委员会关于批准成立九三学社双流县委员会的批复》，社县委主委、县人大常委会副主任蒲光树向大会作工作报告。民革双流支部主委曾昌利代表民革、民盟、民进双流支部致词，向九三学社双流县委员会成立表示祝贺。社市委主委、市政协副主席戴晓雁为九三学社双流县委员会成立题词："聚力促发展，凝智谋和谐"，中共双流县委副书记王波为九三学社双流县委员会成立题词："肝胆相照，荣辱与共"。九三学社四川省委主委、省政协副主席、全国政协常委黄润秋为九三学社双流县委员会成立发来贺信。

2009年

3月26日，社市委批准，增补胡月明为九三学社双流县委员会副主委，增补钟林为九三学社双流县委员会委员。

9月21日，社县委在县卫生局召开九三学社双流县委员会书画院成立大会。主委蒲光树任社县委书画院院长。

10月11—14日，九三学社中央基层组织工作研讨会在桂林市榕湖宾馆召开。社县委主委蒲光树参加会议，并代表九三学社四川省基层组织作题为《突出抓好"五个结合"，建言献策成效明显》的大会交流发言。

12月29日，中共双流县委、县人民政府在川投国际酒店召开各民主党派基层组织、工商联、无党派代表人士新年恳谈会，主委蒲光树、副主委邱平、李芳平、李英杰、胡月明参加。蒲光树代表九三学社双流县委作题为《加强基础建设，提升发展质量》的发言，就牧马山新城建设、建设世界现代田园城市、转变增长方式和发展方式等发表建议、意见。

2010年

2月21—26日，社县委书画院在棠湖公园瞿上堂举行2010年虎年新春书画展。

3月27日，九三学社成都市委基层组织建设工作现场会在棠湖宾馆召开。社中央副主席邵鸿，社省委主委、省政协副主席黄润秋，中共双流县委书记高志坚，县委常委、统战部部长何浩，县政协副主席李仁等领导到会。中共双流县委书记高志坚致辞，县委常委、统战部部长何浩介绍双流县统战工作经验。社县委主委、县人大常委会副主任蒲光树作题为《搞好基层组织工作，夯实参政党组织基础》的主题发言。邵鸿、黄润秋等认为双流工作"亮点多，积累了丰富经验和好的做法，值得推广。"邵鸿副主席为社县委题词："牢记使命，有所作为。"

8月10日，县政协和县委统战部召开建设空港现代田园大城市论坛会，社员白茹雪代表社县委作《论空港现代田园大城市人与自然的和谐》演讲。

2011年

7月11日，社市委研究同意社县委领导班子调整方案，同意李英杰、胡月明辞去社县委副主委职务，增补钟朝晖、黄志茹为九三学社双流县委员会副主委。

8月17日，社县委在蓄联饭店召开社员大会。学习社市委关于社省委、社市委换届工作有关文件，并在大会上通过无记名投票方式，选举社员蒲光树、邱平、李芳平、钟朝晖、黄志茹、李英杰为九三学社成都市第十一次代表大会代表；推荐蒲光树为九三学社成都市第十一届委员会委员候选人；推荐蒲光树为九三学社四川省第七次代表大会代表候选人。

11月，在九三学社成都市第十一次代表大会上，社县委主委蒲光树当选为九三学社成都市第十一届委员会委员、常委。

2012年

7月7日，社县委在牧山别苑召开年轻社员学习座谈会。东升支社、华阳支社、西航港支社近30名40岁以下年轻社员参加学习会。

12月6日，社县委在卫生局会议室以"提升能力，担当责任，奋发有为"为主题召开年轻社员谈心会，东升、华阳、西航港三个支社的26名年轻社员参加谈心会。

12月12—13日，东升支社、华阳支社、西航港支社举行换届，选举产生新一届支社领导班子。

2013年

4月15日，正式出版社县委内部报刊《双流九三》第一期，该刊分别开设"社务要闻""支社之窗""参政议政""九三人物""社员之家"等栏目。

5月26日，九三学社成都市委员会和双流县委员会在棠湖宾馆联合举行"九三学社成都市委员会、九三学社双流县委员会精神家园建设理论研讨会"。九三学社中央思想建设研究中心主任彭官章，九三学社四川省委主委、省政协副主席黄润秋，九三学社成都市委主委、市政协副主席戴晓雁，九三学社四川省委专职副主委沈光明，中共双流县委常委、统战部部长甘立军，社县委主委、县政协副主席蒲光树等出席。九三学社成都市委所属各基层组织主委参加研讨会。彭官章、黄润秋、戴晓雁分别讲话。研讨会上进行论文交流发言，颁发优秀论文奖，社县委赵建国等6人分别获奖。研讨会编印11万字的《建设九三精神家园理论研讨会资料汇编》。

5月29日，韩启德主席到双流川投宾馆参加"推进新型城镇化和县域经济科学发展"论坛，亲切接见社县委主委、副主委。

6月2—9日，社县委蒲光树、李芳平、钟朝晖、钟林、黄志茹、李祥、邹林杰、李亚平、侯利蓉、胡月明、王功玉、薛英等12名社员到北京清华大学参加由中共双流县委统战部组织的"领导方略与胜任力研修班"学习。是月3日，九三学社中央副主席丛斌、宣传部部长穆建民、思想建设研究中心主任彭官章在社中央机关亲切接见参加"领导方略与胜任力研修班"学习的社县委部分社员。

6月27日，社市委批准九三学社双流县委员会领导班子调整方案，同意邱平辞去社县委副主委职务；同意增补王功玉、钟林为社县委副主委，增补李祥、赵建国、彭锦为社县委委员。

10月16日，九三学社双流县基层组织建立二十周年前夕，九三学社中央主席韩启德为九三学社双流县委员会题词："积极探索新时期九三学社基层组织工作经验，为地方经济社会发展做出突出贡献。"

特 载

努力搞好基层组织建设　立足本职岗位建功立业
——参加社中央在广州召开的九三学社组织部长暨部分基层组织负责人座谈会发言材料
（2005年6月）

九三学社双流县支社组建于1993年。十一年来，在九三成都市委的领导和关怀下，支社不断发展壮大，现有社员33名，其中在职21名，有高级职称18人，中级职称15人。支社社员主要在教科文卫、农林水电、私营企业及党政机关工作。支社社员爱岗敬业，勤奋工作，成绩突出，树立了九三人的良好形象，受到了社会各界的一致好评。支社连年被社市委、省委评为先进支社。

一、精诚团结，充分发挥支委会集体领导作用

建设一个团结共事的支委会班子，是搞好基层支社工作的关键。支社十分注重支委会班子的团结，充分发挥集体力量。每位支委均具有较强的参政议政能力和社会活动能力，非常热爱和关心支社工作，形成了一个团结共事、乐于奉献的领导集体。一是支委会班子有好的带头人。主委蒲光树待人宽厚，善于团结同志，开拓进取，作风民主，并且活动能力强，两年间，为支社争取了五万多元工作、活动经费。副主委李芳平、邸平及委员热心社务工作，乐于奉献，主动配合主委积极开展工作，推动了支社工作的深入开展。善于主动争取党的领导，善于团结同志，善于发扬民主，善于帮助社员办实事，善于合作共事已成为支委会班子的主要特点。二是建章立制，确保支社工作的制度化和规范化。支社先后制定了《支委会会议制度》《支委会与社员工作单位联系制度》《议政日制度》《支社组织生活制度》《支委会组成人员工作职责》等工作制度，保证了支社工作照章行事，有章可循。三是充分发挥支委会集体领导作用。每季度召开一次支委会，研究讨论支社近期重要工作。支委之间经常保持联系，遇事及时沟通，商量处理。四是分工合作，各负其责。为了密切同社员之间的联系，及时收集社员对支社工作的建议意见，关心社员的工作和生活，按工作系统，把支社成员分为教科文卫组、农林水电组、机关企业组，由支委会成员任组长，从生活、工作、组织活动等方面全方位了解掌握社员动态。通过这种形式，把支委会班子成员同每一位社员紧密地联系了起来，更好地团结每一位社员，为支社工作的开展创造更有利的条件。五是乐于奉献，从我做起。支委们本职工作都很繁忙，但是，都能正确处理好本职工作与社务工作的关系，为社务工作奉献时间和精力，承担通讯等费用，同时还要利用自身的优势和关系，为支社工作的开展争取各方面的支持，真正做到了服务社员，任劳任怨。

二、爱岗敬业，积极投身现代化建设

立足本职岗位，开拓进取，扎实工作，建功立业，是每位九三学社社员义不容辞的职责。支社33名社员，都是各行业的业务骨干，在支委会的帮助关心下，他们在各自工作岗位上勤奋工作，为经济建设和社会各项事业的发展作出了积极贡献。

建立支委会与社员工作单位联系制度。支委会成员主动与社员所在单位加强联系，及时了解掌握社员工作情况，帮助社员解决工作中遇到的困难，为社员发挥聪明才智创造有利条件。支社全体在岗同志，都出色地完成了本职工作任务，取得了丰硕的成果。副主委邸平，因在科技工作方面的突出贡献被提拔为林业局副局长，任职以来，组织实施成都市重大科技项目"笋用竹林地食用菌栽培技术开发与示范""优质笋材两用林新品种试验示范"和县级重大科技项目"花卉苗木病虫害防治研究"；组织实施双流县2.8万亩天然林保护工程和3万亩退耕还林工程，为农民增收和环境保护发挥了积极作用。副主委李芳平因其出色的组织领导能力和业务能力，被提拔担任县妇幼保健院院长，任职以来，加强内部管理和行风建设，引入竞争机制，仅半年时间，改变了保健院停滞不前的面貌，入住院及门诊人数稳步增长，让利服务使4000余人受益，让利优惠达5万元以上，取得了良好的社会效益和经济效益。高级农艺师干大木主持实施枇杷无核化试验、优质草莓选种等科研项目，主持制定枇杷、草莓产品质量标准，主持农民增收教育工程培训和实用技术培训，培训农民3.4万人次。主任药师、康弘公司私营企业家龚文贤带领员工辛勤工作，成功开发出"松龄血脉康""一清胶囊"等多个新产品，年实现产值近3亿，年上缴国家税收近3000万元，为地方经济发展作出了积极贡献。李英杰、胡月明、赵晓、白玉琳等一大批中青年业务骨干，在各自岗位上努力工作，成绩显著。支社有9人获科技进步奖30余项，潘泽恩、邸平等社员连续多年被评为市、县先进工作者。侯利蓉、干大木、胡月明等年轻社员已经成为农业局、林业局等部门或单位的中层干部或县后备干部。

开展科技扶贫工作。今年，按社市委的要求，支社充分发挥人才优势，在籍田镇、永兴镇开展科技扶贫工作。筹资6000元为张修贵、范良玉等农户修建微水抗旱池，购置抽水机具，发展食用竹笋。筹资3000元为陈树中、谢中良等农户购买农药、复合肥，

发展枇杷。指定邱平、赵晓、侯利蓉等社员定期进行技术指导，开展农业科技咨询，力争3~5年使帮扶对象彻底脱贫。

三、深入调研，积极参政议政建言献策

积极建言献策，参政议政，是九三学社作为政党的政治特征，是参与国家政治生活的具体体现，也是基层组织生活的重要内容。支社围绕成都市、双流县中心工作，组织社员多层次、多渠道、多方面开展建言献策工作。一是建立了议政日制度。规定每年11月或12月的组织生活为议政日，组织专题议政活动，由市县人大代表、政协委员将社员的重要建议意见加工整理为建议、批评和意见或提案，提请"一府两院"办理。二是围绕社会热点、难点问题专题调研。针对农业税收、失地农民社会保障、农业服务体系建设等问题，进行深入调研，形成了《关于农业税实行零税率的调查与思考》《关于农业服务体系建设的调查与思考》《关于失地农民社会保障的建议》等调查报告，提出的切实可行的建议，已经成为县市政府的决策参考。三是积极参加县委、人大、政府、政协召开的情况通报会、座谈会，下情上达。2005年来，在县政府职教座谈会上，社员白玉琳作了《大力发展农村职业教育，适应城乡统筹发展需要》的发言，分析了当前农村职业教育面临的困难，提出了改善投入结构和办学条件，整合教育资源，促进"三教"统筹等建议。在县政协城市建设管理座谈会上，社员李英杰作了《城市建设如何自我定位》的发言，提出了人文关怀、城市品牌建设、人文和自然环境打造、社区建设等建议。这些建议，受到了县委、政府的高度重视。四是积极上报信息。市政协特邀信息员蒲光树，社市委特邀信息员胡月明经深入调查，向市政协和社市委报送了《关于农村养殖业污染的调查与建议》《交警执法素质亟待提高》等信息，及时反映了社情民意。

四、联系实际，开展丰富多彩的组织活动

组织生活是民主党派基层组织活动的主要内容，是支社建设的重要基础工作，是加强支社组织建设、思想建设，增强凝聚力的重要保证。抓好组织生活是支社委员会工作的头等大事。没有组织生活，就没有参政党基层组织赖以存在的表现形式和实质内容，也就没有参政党对其成员的吸引力，同时也会削弱参政党对社会的影响力。支社狠抓组织生活的质量，精心组织，周密安排，以组织活动为载体，团结每一位社员，展示九三学社的精神风貌，体现九三学社在国家政治生活、经济建设、科技进步中的重大价值。

在组织生活的内容上做到了"四有""四结合"。

组织生活"四有"：

一是组织活动有制度。支社制定了《支社组织生活制度》等制度，严格按制度办事，实行请假、签到制度，全体社员从未无故不参加组织生活。

二是全年活动有计划。每年年初拟定工作思路和组织活动计划，提交全体社员讨论，征求意见，集思广益，使工作计划目标明确，重点突出。并将正式的工作计划印发全体社员，人手一份，使每位社员做到心中有数，避免了工作的盲目性和随意性。

三是每次活动有主题。组织社员学习统战理论和九三社史，提高政治素质；到文星镇开展科技下乡、医疗义诊活动；到黄甲镇参观调研小城镇建设；组织社员到邓小平故里广安学习考察，缅怀邓小平的丰功伟绩，加强对邓小平理论的理解；与西南交通大学、成都理工大学等支社举行联谊活动，共同探讨基层组织建设的新途径；举行支社建立十周年庆祝会，增强社员的荣誉感和使命感。做到了每次活动主题集中明确，内容充实。

四是重要活动有报道。加强宣传，让社会各界了解九三学社，认识九三学社，是九三学社赢得社会各界亲近和支持的重要环节。支社十分注重与县电视台、报社保持密切联系，凡是重要活动都请他们给以宣传。每年在县电视台、报社宣传重要活动4~6次。支社每年编发简报6~9期，向社市委、县委、县人大、县政府、县政协以及各部门报送，收到了很好的宣传效果。

组织生活"四结合"：

一是把组织生活同国家重大政治活动相结合。九三学社成都市委建立20周年、庆祝中共建党83周年、中共十六届四中全会召开等，都是重大政治活动。支社把组织生活同这些重大政事相结合，使社员在活动中提高思想素质，坚持正确的政治方向。

二是把组织生活同县域中心工作相结合。支社围绕农民增收、招商引资等全县中心工作，组织社员到农村指导产业结构调整，到开发区参观引进项目，利用人才优势，送科技到乡镇、到工厂，帮助解决生产中遇到的问题，不仅丰富了组织生活内容，而且拓展了眼界，鼓舞了士气。

三是把组织生活同自身建设相结合。支社每年为社员订阅社中央刊物《民主与科学》，加强学习。利用组织生活组织社员尤其是新社员学习社章社史，学习社中央、社省、市委的文件精神，学习统战理论，提高对新时期民主党派性质、地位、作用的认识，明确新时期参政党肩负的重大责任，增强自身责任感，立足本职岗位，建功立业。

四是把组织生活同社中央、省、市工作重点相结合。及时传达九三学社中央、省、市委每年的重大工作部署，动员社员积极参与；组织社员参与"九广合作"，选派医疗业务骨干到广元培训医务工作者；参与社市委金堂县淮口镇扶贫工作，为社市委重大工作开展给予支持；响应社市委倡议，帮助做好失足少年工作，筹措资金1万元，帮助成都少管所建立科技图书室；协助社市委完成了失地农民问题等调研。通过这些活动，增强了全体社员的全局意识，保证了社中央、省、市委重要工作的落实。

搞好组织生活是基层组织的重要工作，同时也是一大难题。民主党派基层组织普遍存在缺经费、无场地、无车辆等实际困难。这些困难自身难以克服，怎么办？支社发挥自身优势，把组织生活同国家重大政治活动、县域中心工作、自身建设等相结合，把组织生活开展到基层、到乡镇、到工厂、到机关，不仅解决了组织生活的诸多困难，而且使我们的组织生活内容丰富多彩，效果十分明显，有效地扩大了九三学社在群众中的影响。

五、注重质量，严肃认真地做好组织发展工作

加强组织发展工作，是事关九三学社发展壮大、确保九三学社充满朝气与活力、肩负历史使命的重要工作。支社把吸纳高素质人才入社放在支社工作的突出位置，注意吸收政治素质高、业务能力强、热爱九三学社、有代表性、有影响力、年轻而富有朝气的同志入社。在组织发展工作方面，支社着重抓了以下工作：一是注意争取统战部的领导和支持，及时汇报组织发展动态，使统战部能够积极支持支社的组织发展工作。二是注意发现发展对象，主动出击，支社要求全体社员利用工作、生活之便，宣传九三学社，在中青年业务骨干中寻求发展对象。三是加强培养。有合适人选，就指定专人负责做工作。支委班子即开始做培养、引导、教育工作，送九三学社有关资料，让发展对象加深对九三学社的认识和了解，支委会班子成员主动与发展对象接近，交心谈心，加深感情，增进友谊。四是邀请参加支社组织活动。待发展对象提出书面申请后，经考察，交社员大会讨论通过，认为可以发展为九三学社社员后，即邀请发展对象参加组织生活。近年有12名同志先后加入了九三学社，为支社增添了新的活力。

六、关心社员，增强支社的凝聚力

支社十分关心社员的工作和生活，帮助他们解决实际困难，积极维护社员的合法权益。社员干大木实施"无公害草莓生产技术研究与应用"资金不足，支委会经多方努力，为其争取了5万元科研经费。社员廖肇芳骨折、魏知常生病住院，支委买上慰问品，及时登门慰问，送上全体社员一片深情与祝福。社员王洪旭被县上请去参与霜洋公司资产清算，20多天的工资久拖不决，支委会帮其找县委、县法院、县政法委，终于使问题得到了解决。社员夏仕蓉的外孙女转学到双流，由于其家庭困难，支委会为其联系学校，并减免部分转学费。无微不至的关心和热情帮助，使每位社员感到了

组织的温暖，极大地增强了支社的凝聚力和向心力。

通过支委会的集体努力，赢得了全体社员的一致赞誉，得到了全体社员的大力支持。大家十分乐意参加支社组织活动，视支社为家，支委会的工作也极大地调动了社员参与社务活动的积极性，支社充满了生机与活力。

深入开展政治交接学教活动　推动支社工作健康发展
——九三学社双流县支社"政治交接学习教育活动"小结
（2008年6月）

按照九三学社成都市委关于开展以坚持走中国特色社会主义政治发展道路为主题的"政治交接学习教育活动"的意见及社市委的安排部署，九三学社双流县支社把"政治交接学习教育活动"作为九三基层组织各项工作的主线贯穿始终，加强政治交接学习教育活动相关内容的学习，强化自我学习教育，强化自律自励，强化自身建设，学教活动做到了与自身建设、服务社会、履行职责三结合，达到了政治责任、社会责任、工作责任三增强，取得了阶段性成效。

一、政治交接学教活动的基本做法

政治交接学习教育活动是民主党派加强自身建设的重要举措。学教活动开展以来，支社根据学教活动各阶段的安排和支社的实际情况，利用组织生活等形式，有计划地抓好了各阶段的学习教育工作。我们的具体做法是：

一是认真动员，提高认识。支社召开了动员会，组织社员学习社市委关于开展以坚持走中国特色社会主义政治发展道路为主题的政治交接学习教育活动的意见，提高支社社员对政治交接学教活动的认识，把学教活动变成社员自我教育、自我提高、自我完善的自觉行动。

二是印发材料，狠抓骨干。支社印发了学教活动的必读材料，为社员学习提供条件。把支委会成员及社员中的市县人大代表、政协委员作为学教活动的骨干，通过抓骨干学习带动全体社员学教活动的扎实开展，提高了学习质量，形成了良好的学习教育氛围。

三是有的放矢，突出重点。支社把党的统战理论、社章社史、多党合作历史、九三学社的优良传统、爱国主义、基本国情等作为学习重点，采取集中学习与自学相结合的形式，组织社员深入学习，写好学习笔记和心得体会。

四是专题学习，加深理解。组织社员参加中共十七大专题辅导报告学习，加深对中共十七大精神的理解。邀请社市委戴晓雁主委作政治交接学教活动专题讲座，提高全体成员对开展"政治交接学习教育活动"重要性和必要性的认识，开阔了眼界，拓展了思路，观念得到更新，理论水平得到提升。

五是交流体会，共同提高。支社利用组织活动时间，召开学教活动心得体会交流会，报告学教成果，交流学习体会，达到了互相促进、共同提高的学习目的。

六是问卷调查，对照整改。基层支社是展示九三学社良好形象的重要窗口。双流县支社虽然连续两年被社中央评为"先进基层组织"，受到社中央的表彰，但是，各项工作仍然存在不少差距。为了保持先进，再上台阶，学教活动开展以来，支社联系实际，认真查找问题和不足，并在社员中进行支社工作问卷调查，开展充分讨论，广泛收集意见和建议。通过这些活动，进一步增强了凝聚力，推动了支社工作不断向前健康发展。

二、政治交接学教活动取得的主要成效

政治交接学习教育活动，重点是学习和教育。为了避免讲形式、走过场、搭花架子，支社把学教活动贯穿于组织活动始终，与支社建设，社员的思想、工作、生活等紧密联系起来，推动学教活动与客观现实紧密结合，切实增强了学教活动的实效性。

一是政党意识、政治意识进一步增强。通过统战理论学习，提高了统战理论水平，切实增强了接受中国共产党领导的自觉性和坚定性。通过社章社史学习，加深了对民主与科学的理解，切实增强了政党意识和政治责任意识。通过国情教育和形势政策教育，进一步激发了爱国热情，增强了危机意识、责任意识，极大地鼓舞着全体社员立足本职岗位建功立业。在学习体会交流会上，支社社员纷纷表示，不管形势如何变化，不管遇到多大困难和挫折，都要坚定理想信念，都必须始终与共产党同心同德，肝胆相照，都必须始终坚持走中国特色社会主义政治发展道路。

二是爱社激情高涨，凝聚力进一步增强。支社开展了九三学社老一辈同共产党团结合作的优良传统教育，组织社员观看王选先进事迹录像，学习闵乃本先进事迹材料，增强了作为参政党成员履行职能的时代感、责任感和使命感。一个个动人的镜头，一件件感人的事迹，老一辈九三人崇高的精神和优秀的品质感天动地，撼人心魄，社员们热泪盈眶，备受鼓舞，全体社员为"王选关怀基金"捐款5010元。九三学社已经成为社员们的精神家园。大家呵护她，守望她，并在心灵深处融入她。组织活动积极参加，纷纷为支社的健康发展献计出力。3月23日组织活动，六十多岁的魏知常，尽管身体不好，并在十多里之外的黄田坝参加婚宴，也找车送回来参加活动。周嗣铨年近七旬，住在离双流20里外的机投镇，每次参加组织活动要走一公里路，转两次车，尽管如此，他从不无故缺席，总是提前到达。

三是调查研究，建言献策更有价值。学教活动开展以来，支社调查研究、建言献策十分活跃，社员们主动关心县域经济发展和社会事业进步。经常反映社情民意，3月份组织生活时，社员毛泽娟提交了《关于加强迎春桥路口交通设施建设的建议》《关于改进纳税工作的建议》《关于防治青少年近视眼的建议》等三篇社情民意。今年政协会上，社员李芳平、李英杰提交的《关于建立健全政府救助机制，解决"三无"人员医疗费用的建议》等提案被县政协评为优秀提案。去年11月，县长在支社提交的《村卫生站运行机制的改革势在必行》专题调研报告上批示："这个报告很好，请卫生局和仁根同志学习参考。"在《关于现代农业科技人才体系建设的调查与思考》专题调研报告上批示："本课题对我县农业科技人才队伍的情况清楚，对存在的问题找得很准，所提建议有可操作性，请农发局在研究现代农业服务体系建设时予以采纳。"支社获县委统战部调查研究工作一等奖。

四是社会服务更加主动。结合学教活动，利用支社农业和医疗人才资源，成立了科技惠农和医疗义诊两个工作组，继续在永兴镇、金桥镇开展科技帮农和医疗义诊等活动。科技帮扶工作组继续在永兴镇大树村、干塘村开展农业科技培训，推广美国草莓"阿尔比""温塔娜"等新品种和渗透灌溉等新技术，推动现代农业发展，推动农业增效农民增收。医卫工作组为永兴镇篁筱村卫生站争取了扶持资金8万元，并捐赠了诊断床、显微镜、心电图机等设备，名中医潘泽恩、儿科主任李英杰、妇科主任夏中琼等社员主动承担起每周一次的医疗义诊工作。支社对丘区医院医生进行系统培训，形成了对口帮带机制。支社的科技帮扶和医疗义诊深受广大农村群众欢迎，使广大农民群众得到了实实在在的帮助。社会服务活动，使社员了解了社会，服务了民生，丰富了学教活动的具体内容。

五是本职工作热情高涨。学教活动进一步激发了社员献身科学、追求真理、勇于创新、甘于奉献的工作热情，进一步增强了责任心和使命感。名中医潘泽恩以其精湛的医术闻名县内外。尽管门诊应接不暇，但他仍一丝不苟，总是耐心细致地为病人服务。儿科专家李英杰，其《儿童幽门螺杆菌感染阳性胃镜检查的研究》已经结题。卫生执法大队副大队长胡月明负责学校公共卫生安全监督管理工作，为了全县师生的食品安全和传染病防控，为了维护好正常教学秩序，她用心干事，用心谋事，尽心尽责，连续多年全县400多所学校未发生一例学校公共卫生突发事件。其工作方案受到上级主管部门的充分肯定，其工作经验在全市交流，连年被上级主管部门和县政府评为"学校卫生安全管理先进个人"。社员们还结合本单位、本部门、本地区的工作实际和自身工作实际，积极提建议意见，推动有关工作健康有序开展。

三、开展政治交接学教活动的几点体会

政治交接学教活动推动了支社工作健康发展，支社充满了生机与活力。政治交接学教活动，也给了支社领导班子许多启迪：一是创造条件。要努力为搞好学教活动创造条件，如印发学习资料、约请专家作学教活动专题报告等，做到形式多样，内容丰富，激发学习热情。二是搭建平台。学教活动不能只读文件，要把学教活动与社会服务等工作相结合，把学教活动的成果转化为服务社会、服务人民的具体行动。三是联系实际。学教活动要与支社的工作实际、社员的思想实际、社员本职工作实际、社会实际联系起来，才能有的放矢，取得实效。四是激励成才。学教活动要激励社员个人发展，要关心支持社员的生活和工作，为社员个人成才创造条件，推动社员在本职岗位建功立业，多作贡献。五是争取领导。要主动争取中共地方党委的领导和统战部的支持指导，随时汇报反映学教活动的动态和成果，保证学教活动达到预期目的，取得良好的效果。

政治交接学教活动开展以来，支社更加充满了生机与活力，社员对政治交接学教活动认识更高了，对中共十一届三中全会以来形成的中国特色社会主义的基本理论、基本路线、基本纲领、基本经验和统一战线的基本方针的理解更加深刻了，社员的政治意识、政党意识更强了，坚持走中国特色社会主义政治发展道路的信念更加坚定了，有效地推动了传统交接、责任交接、信念交接的实现。

突出抓好"五个结合"　　建言献策成效显著
——社县委参加社中央在桂林市召开的基层组织工作研讨会发言材料
（2009年10月）

九三学社双流县委员会有东升支社、华阳支社、西航港支社三个支社，现有社员59名，其成员主要在教科文卫、农林水电、私营企业及政协、政府机关工作。社员中，任本届成都市人大代表2名、市政协委员1名；县人大代表6名，县政协委员13名（副主席1名，常委4名）；副局级以上领导干部4名；县政府特约监察员3名。全体社员爱岗敬业，勤奋工作，成绩突出，树立了九三人的良好形象，受到了社会各界的一致好评。2004年、2005年连续两年被社中央评为全国先进基层组织，2008年5月6日—12日，社中央常委会在双流县召开。

调查研究、建言献策是民主党派基层组织的重要工作。近年来，社县委以"政治交接学习教育"活动为主线，在大力抓好思想建设、组织建设、社会服务等工作的同时，把调查研究、建言献策作为社县委工作的重要内容，突出引导"五个结合"，建言

献策工作取得了显著成绩，充分发挥了九三学社基层组织在地方政治生活中的作用，为推动基层民主法制建设、经济建设和社会进步作出了积极贡献。

一、引导社员把议政建言与日常生活相结合

九三学社双流县委各支社的社员分散在各部门、各单位，生活在基层，生活在社区，贴近群众，贴近生活，对社情民意最为了解。日常生活中，群众的疾苦与愿望，是社县委反映社情民意、建言献策的重要参考与依据。不少社员根据日常生活的感受与体会，提交了许多有价值的社情民意。比如，四川大学退休教授、老社员苏学操在乘坐成都市盐市口到双流县东升街道的公交车时，发现该路公交车存在客流量大、投运车辆少等问题，经深入思考，提交了《双流要发展，公交应开放》的建议，县政协委员胡月明据此形成了政协提案，推动了公交车辆投运的调整，改善了公交环境，方便了市民出行。退休教师、社员廖肇芳到农村走亲戚，发现农村垃圾遍地、塑料口袋污染严重等问题，提交了《关于加大农村环境治理力度的建议》，首次提出了农村垃圾村收集、镇运输、县处理的思路，被县政府采纳，为农村环境保护发挥了作用。

二、引导社员把建言献策与组织生活相结合

组织生活是基层组织建设的重要工作，是增强凝聚力的重要保证。没有组织生活，就没有参政党基层组织赖以存在的表现形式和实质内容，也就没有参政党对其成员的吸引力，同时也会削弱参政党对社会的影响力。因此，社县委精心组织每次活动，进机关，到工厂，下田间，通过组织生活，为社员创造了解县情、知情知政的条件和机会。为了保证每位社员有表达思想和见解的机会，设立了"议政日"，把每年11月的组织生活作为专题"议政日"。"议政日"活动收到了三大成效，一是为社员议政建言搭建了很好的平台，全体社员踊跃参与，所提建议意见反映了基层群众的呼声与愿望；二是所反映的意见建议，为社员中的市、县人大代表、政协委员提供了参加市、县人代会、政协会审议发言和撰写建议、提案的素材；三是"议政日"调动了社员建言献策的积极性，关注国计民生已成为社员的自觉行动，大家经常性反映社情民意。近三年来，张星元、毛泽鹃、苏学操等退休老社员根据组织生活所见所感，提交了《昆山农业园区土地大面积长荒草，请县领导高度重视》等150条社情民意，表现出高度的责任感，也为县市人大代表、政协委员履行职责提供了鲜活的素材。

三、引导社员把建言献策与党政中心工作相结合

党政中心工作，决定了地区经济社会发展方向，与每个社员的工作生活紧密相关，紧跟党政中心工作，才能准确把握建言献策的重点。为了确保建言说到点子上，议政

议出高水平，社县委每年年初根据党政中心工作，确定专题调研课题。近年来，社县委根据成都市作为统筹城乡综合配套改革实验区建设、社会主义新农村建设等重点工作，把统筹城乡发展、新农村建设、农民集中居住等确定为重点调研课题，形成了《统筹城乡发展的难点与重点》《社会主义新农村建设应该注意的几个问题》《关于农民集中居住与社区建设管理的调查与思考》等调研报告。这些报告，客观地分析了相关重点工作存在的问题及成因，提出了切实可行的建议意见，受到了市县领导的高度重视。在成都市政协十二届三次、十三届一次全会专题座谈会上，市政协委员蒲光树代表九三学社成都市委就统筹城乡发展、实施城乡一体化战略作了专题发言，引起市委、市政府主要领导的极大关注，并就此进行了深入探讨交流。

四、引导社员把建言献策与本职工作相结合

本职工作岗位有许多感受和体会，是建言献策的最好素材。努力工作的同时积极思考，就能寻找到本职工作与建言献策的最佳结合点，提出高质量的建议意见。县一医院儿科主任、县出生缺陷筛查组成员李英杰在工作中发现新的《婚姻登记条例》取消强制婚前体检后，孕产妇死亡及新生儿死亡和出生缺陷率都在上升。于是李英杰做了"关于取消婚前体检不良后果的软科学研究"，并在县政协第八届第三次全会上做了《政府买单恢复婚前体检》的大会发言，同时提交了关于恢复婚前体检的提案。县政府高度重视该提案的办理，决定每年由县政府支付近90万元恢复婚前强制体检。社员李英杰提交的这一提案，既减轻了群众负担，又为优生优育、提高人口质量作出了积极贡献。2009年初，社员蒲光树在西街办龙港社区调研时，龙港社区两委及部分集中居住的农民代表反映，该社区有近百间商铺闲置，社区失地农民想租用，却由于社区与县政府所属的西航港开发投资公司产权不明晰而无法租用。社员蒲光树当即撰写了《关于龙港社区商铺处理的几点建议》呈送中共双流县委，推动了该问题的彻底解决，为失地农民再就业、方便社区居民生产生活、繁荣社区经济发挥了积极作用。

五、引导社员把建言献策与社会服务活动相结合

社会服务是扩大九三学社影响的重要工作。社县委充分利用人才智力资源，开展了一系列社会服务工作。在籍田、永兴、兴隆等镇开展科技扶贫工作，培训农民近万人次，发放农业科技书籍资料5000多本（份），重点帮扶张修贵、陈树忠等特困户，为他们建蓄水池，买抽水机具、鱼苗等，为农民脱贫致富做出了积极贡献。在永兴篁筱新村卫生站建立医疗下乡服务点，培训乡村医生，捐赠诊断床、心电图机、显微镜等设备，争取资金用于卫生站基础设施建设，等等。社会服务贴近农民，贴近基层，贴近生活，最能掌握真实情况，也能为建言献策找到切入点。社员干大木在永兴镇培

训农民时，发现当前全县开展的对农民的技能培训与农民实际需求不相适应的问题，撰写了《关于改进培训方式，激发农民对科技有效需求的建议》《关于争取启用草莓地理标志的建议》；李芳平、李英杰在永兴镇篡筱新村开展医疗下乡服务时，针对目前农村合作医疗及村卫生站建设中存在的问题，提出了《关于建立完善合作医疗机构的硬件设施的建议》《关于村卫生站标准化建设的几点建议》等建议。

为了激发社员建言献策的热情，提高参与度，提升议政建言的质量，社县委千方百计想办法、添措施予以推动。工作体会是：

一是建立队伍。搞好调查研究，建言献策，建好队伍是关键。社县委依托社区市县人大代表、政协委员，建立了参政议政骨干队伍，定期或不定期开展活动，加强培训，教方法，提思路，压任务，有效提高了社员调查研究、参政议政水平，也有效提高了社县委参政议政质量。

二是做好表率。社县委及各支社班子成员视调查研究、建言献策工作为己任，带头调查研究，带头完成专题调研任务。东升支社主委李英杰了解到清代大学问家刘止塘的故居就在双流县彭镇羊坪村，于是他组织东升支社社员到羊坪村开展组织活动，并对羊坪村新农村建设及葡萄产业发展进行了调研，在李英杰的努动下，东升支社多名社员积极参与，形成了《为都市观光农业注入国学精神——关于彭镇羊坪村万亩葡萄园建设的几点建议》这一重要的调研报告，得到县委、县政府的重视并采纳。

三是提供保障。积极为社员调研提供车辆经费保证，积极协调相关部门及镇、街道为社员调研提供支持。有一定经济实力的社员如彭军、张明辉等还主动出钱出车为其他社员调研提供帮助。

四是大力鼓励。社县委设立了科研成果奖、建言献策奖、社会服务奖等奖项，鼓励社员积极参与。

五是争取支持。主动把调查研究、议政建言工作与社市委调研工作及县委统战部党派工作相结合，积极争取县委统战部、县政府相关部门及镇、街道的支持，为调查研究、建言献策的顺利进行创造了条件。

六是班子齐心。社县委班子成员均有较强的参政议政能力和社会活动能力，合作共事和团队意识强，善于争取领导，善于协调关系，善于团结同志，形成了建言献策的坚强依靠和中坚力量。

搞好基层组织建设 夯实参政党组织基础
——九三学社成都市委基层组织建设工作双流现场会发言材料
（2010年3月）

九三学社双流县委员会成立于2008年9月，有东升支社、华阳支社、西航港支社三个支社，现有社员63名，其成员主要在教科文卫、农林水电、私营企业及人大、政府机关工作。全体社员爱岗敬业，勤奋工作，成绩突出，树立了九三人的良好形象，受到社会各界一致好评；连年被社市委、省委评为先进集体，两次被社中央评为全国先进基层组织，并于2008年5月迎来了社中央常委会在双流县的召开。社县委能获此殊荣，得益于社市委、社省委的正确领导，得益于社中央的英明指引。下面，将支社在基层组织建设工作中的一些做法和体会在此与大家交流，希望得到各位领导、各位同仁的指教。

一、抓班子建设，团结合作有保障

基层组织直接面向广大社员，基层组织是否有凝聚力、号召力和战斗力，关键在领导班子，班子的团结合作是搞好社务工作的基础，班子成员的能力和魅力是组织发展的保障。

在班子建设方面，社县委对班子成员明确提出了"加强学习重修养、遵守规矩带好头、多做贡献服好务"的要求。在具体做法上，重点做好以下五个方面的工作：一是强化学习。作为参政党的基层组织班子，社县委按照社市委的统一部署，加强政治理论学习。通过学习例会、专题学习会、座谈会等方式，不断提高班子成员的政党意识和政治意识，使班子成员的政治素养和政治把握能力有了明显的提升，政治上更加成熟。二是强化纪律约束。社县委要求班子成员自觉遵守社县委制定的各项规章制度，身体力行，确保各项工作规范化、制度化。三是强化责任意识。班子成员带头做好所承担的社务工作，对组织负责，为社员服务。四是强化团队意识。班子成员分工负责，联络沟通已成为班子成员做好社务工作的处事方法，大家经常保持联系，遇事及时沟通，商量处理，主委、副主委和委员已经形成了团结友爱、合作共事的整体。五是铸造奉献精神。社县委班子成员都在本部门、本单位担任职务，本职工作都很繁忙，但是，大家都能正确处理本职工作与社务工作的关系，为社务工作奉献时间与精力，承担通讯费等费用，有的还经常性用私车办九三的公事，利用自身的人脉资源，为社县委和各支社开展工作积极争取各种支持，真正做到了服务社员，任劳任怨，无怨无悔。

二、抓建章立制，社务工作有制度

为确保社县委及各支社社务工作的制度化、规范化，社县委狠抓制度建设，与时俱进，不断完善各项规章制度，以制度规范社务工作和社员参加各项社务活动的行为。近三年来，社县委先后制定并完善了《双流县委员会班子成员工作职责》《双流县委员会会议制度》《双流县委员会班子成员联系社员所在单位制度》《双流县委员会组织生活制度》《双流县委员会会议政日制度》《双流县委员会奖励制度》等工作制度，并在社务工作中严格执行。

通过三年的不懈努力，社县委的社务工作规范化建设取得了突出成效。一是保证了社务工作照章行事，有章可循。比如社县委每年各项奖励的评定、优秀社员及先进社务工作者的推选等，都严格按制度和标准进行，做到了公开、公平、公正。二是增强了组织纪律性。社县委班子成员率先垂范，带领全体社员自觉遵守各项规章制度，养成了主动请假、相互沟通的良好习惯，组织观念得到强化，集体制定的规矩得到尊重与维护。三是形成了各司其职、分工合作的工作局面。社县委班子成员都有明确分工的社务工作，并且都能自觉地按照各自地职责分工做好分管的社务工作。2009年庆祝新中国成立六十周年期间，中共县委统战部要求各民主党派基层组织表演节目，面对社县委缺乏表演艺术人才的困难局面，负责宣传工作的副主委胡月明，积极想办法，克服了重重困难，带领社县委十多名年轻社员刻苦排练，奉献了男声小合唱和男女声四人配乐诗朗诵两个节目，表演非常成功，受到一致好评，为集体争得了荣誉。

三、抓组织建设，人才强社有活力

加强组织建设，是九三学社发展壮大，确保九三学社充满朝气与活力的重要工作。社县委以社中央"人才强社"战略指导社县委的组织建设工作，着重在以下几方面扎实推进。

一是强化学习。社县委结合政治交接学习教育活动，以专题讲座、交流座谈等形式，组织社员深入学习科学发展观理论、社章社史、统战理论、多党合作历史，组织社员到重庆参观九三学社成立旧址，不断提高社员综合素质，不断增强社员的政党意识和政治意识，坚定走中国特色社会主义政治发展道路的信心。

二是搞好活动。组织活动是民主党派基层组织的重要的基础性工作，搞好组织活动是做好基层组织建设的头等大事。长期以来，社县委狠抓组织活动的质量，精心组织，周密安排，组织活动做到了"三有""五结合"。"三有"是有制度、有计划、有主题；"五结合"是把组织生活同重大政治活动相结合，同社中央、社省委、社市委的工作重点相结合，同县域中心工作相结合，同参政议政、社会服务相结合，同自身建设相结合。社县委的组织活动已经成为团结每一位社员，增强凝聚力，展示九三学社精神风貌，体现社县委在县域政治生活、经济建设、社会发展、科技进步等领域中的重大价值的载体。

开展好组织生活活动是民主党派基层组织的一大难题。社县委同其他民主党派基层组织一样缺乏开展组织活动的资源，存在缺经费、无场地、无车辆等实际困难。社县委通过精心的筹划，按照组织生活的"五结合"原则，把组织活动开展到乡镇、机关、工厂，不仅解决了组织生活活动的诸多困难，而且使组织生活内容丰富多彩，主题鲜明集中，效果十分明显，社员十分乐意参加。社员周嗣铨，年近七旬，家住十多公里外的成都机投，每次参加活动要转车两次加步行两站路，但他每次都是提前到达，十分令人感动。

社县委还采取主动联谊的方式，与社市委其他基层组织联合过组织生活。三年来，社县委先后接待了成都信息工程学院支社、建材院支社等九三组织到双流来联合过组织生活。这些交流联谊活动，既宣传了双流县在经济建设和社会事业方面取得的辉煌成就，也使社县委成员开放了心胸，开阔了眼界，提高了参政议政水平，学习了兄弟基层组织的好经验，加深了与兄弟基层组织的感情。

三是注重发展。加强组织发展工作，是事关九三学社发展壮大、确保九三学社充满朝气与活力、肩负历史使命的重要工作。社县委把吸纳高素质人才入社放在工作的突出位置，注意吸收政治素质高、业务能力强、热爱九三学社、有影响力、年轻富有朝气的代表性人士入社。

在组织发展工作方面，社县委着重抓了以下工作：第一，重视争取统战部的领导和支持，及时汇报组织发展动态，使统战部能够积极支持社县委的组织发展工作。第二，注意发现发展对象，主动出击。要求全体社员利用工作、生活之便，宣传九三学社，在中青年业务骨干中寻求发展对象。第三，重点联系，加深了解。有合适人选，就指定专人负责联系；分管组织工作的副主委和委员开始做培养、引导、教育工作，送九三学社有关资料，让发展对象加深对九三学社的认识和了解，主动与发展对象接近，交心谈心，加深感情，增进友谊。第四，邀请发展对象参加组织活动。待发展对象提出书面申请，经考察并提交主委会议讨论通过，认为可以发展为九三学社社员后，即邀请发展对象参加组织生活，并上报社市委。2002—2010年，在县委统战部关怀下，胡月明、钟朝晖、山琳霞、夏中琼、白茹雪等大批学科带头人和部门业务骨干先后加入了九三学社，增添了新的活力。

四是加强培养。社县委建立了社县委班子成员与社员所在单位联系制度，每年定期、不定期走访社员所在单位领导，掌握情况，增进了解，沟通意见，为社员创造良好的工作和生活环境。同时，抓住人大、政协换届和干部中调等时机，千方百计推荐社员担任各种职务，为社员发挥聪明才智创造条件。

五是鼓励成才。社县委制定了奖励制度，设立了参政议政奖、科研成果奖、组织发展奖、特殊贡献奖等奖项，鼓励社员在"民主与科学"的旗帜下，立足本职岗位建功立业，为政治民主、科学进步积极贡献，实现其人生价值。

四、抓参政议政，议政建言有价值

参政议政、建言献策是民主党派基层组织的重要工作，是参与地方政治生活的具体体现。长期以来，社县委下大力气常抓不懈，取得了可喜的成绩。具体抓好了以下工作：

一是建立队伍。参政议政队伍建设，是做好参政议政工作、提高参政议政质量和能力的前提和重要保证。为了多渠道、多层次、多方面、高水平地搞好参政议政工作，社县委建立了以分管副主委牵头，以社员中的人大代表、政协委员为骨干的参政议政队伍，经常性开展活动，确定重点调研课题，研讨交流参政议政方法和体会，拓宽思路，推动调查研究、议政建言工作较好地开展。

二是制定制度。社县委制定了"议政日"制度，为全体社员议政建言搭建平台，增强其政治责任感。设立了议政建言奖励制度，鼓励社员积极参与。通过努力，目前，议政建言已经成为全体社员的自觉行为，议政建言的热情高涨，质量不断提高，效果十分明显。

三是做好表率。社县委班子成员是议政建言的中坚力量，大家视调查研究、建言献策为己任，带头调查研究，带头完成专题调研任务，讲给社员听，做给社员看，带着社员干，各支社因此形成了人人参与、个个争先的参政议政良好局面。

四是提供保障。社县委设立课题经费，为社员开展专题调研提供经费保障。积极协调相关部门及镇、街道办，为社员调研创造条件。倡导相互帮助，鼓励有车的社员为其他社员调研提供出行方面的支持。

五是抓好"五个结合"，突出"四大重点"。"五个结合"就是引导社员把议政建言同党政中心工作、日常生活、本职工作、社会服务、组织活动相结合，关注国计民生，做生活工作的有心人，发现问题，感悟真知灼见，思考对策建议，寻求议政建言的最佳结合点。县一医院儿科主任、县出生缺陷筛查组成员李英杰在工作中发现新的《婚姻登记条例》取消强制婚前体检后，双流县孕产妇死亡及新生儿死亡和出生缺陷率都在上升。于是李英杰经深入调研，做了"关于取消婚前体检的不良后果"的软科学研究，并在政协第八届双流县委员会第三次全会上做了《政府买单恢复婚前体检》的大会发言，同时提交了关于恢复婚前体检的提案。县政府高度重视该提案的办理，决定每年由县政府支付近90万元恢复婚前强制体检。社员李英杰提交的这一提案，既减轻了群众负担，又为优生优育、提高人口质量做出了积极贡献，这一提案是参政议政与本职工作相结合的产物。"四大重点"就是专题调研、"两会"建议和提案质量、座谈会发言、议政日活动。这四个重点，是社县委建言献策的抓手，是展示九三学社双流县委议政建言水平与风采的平台，是参与政治、关心双流发展使命感、责任感的集中体现。对此，社县委高度重视，也取得了显著成绩。2002年，社县委针对当时农民负担过重、农业税费征收很难的现状，在国务院决定免征农业税之前，形成了《关于农业税实行零税率的调查与思考》的专题调研报告，提出了分步减免农业税费的对策建议。2009年，东升支社对彭镇羊坪村新农村建设和葡萄产业发展进行了深入调研，形成了《为都市观光农业注入国学精神——关于彭镇羊坪村万亩葡萄园建设的几点建议》专题调研报告，受到县委的高度重视，领导亲自批示。这份专题调研报告所提建议已被采纳，现正在逐步实施。

通过努力，社员参政议政能力和水平不断提高，提出的调研报告受到社市委的高度重视。2010年，社县委撰写的《加强农村基层民主政治建设的建议》调研报告，被社市委采纳作为社市委的政协全会大会发言材料，由蒲光树主委代表社市委作大会发言，并被戴晓雁主委作为全国政协提案带到了北京。

五、抓科技帮扶，社会服务有成效

社会服务是民主党派发挥优势、服务地方的重要工作。多年来，社县委紧紧依托人才智力资源，扎实开展社会服务工作，取得了较好的成效，扩大了九三学社的影响，树立了九三学社服务群众、服务基层的良好形象。一是有队伍。社县委建立了社会服务的专家工作组，落实专人负责社会服务的计划、实施等具体工作。二是有目标。社县委制定了科技帮扶计划，确定社会服务的目标任务。三是建立长期帮扶基地。科技帮扶不可能一蹴而就，必须持之以恒坚持下去，才会有成效。因此，社县委在籍田、永兴两镇建立了长期帮扶基地，开展了一系列社会服务工作：（1）充分利用农业人才优势，在籍田、永兴两镇开展科技扶贫工作；筹集资金，科技帮扶60多户；为张修贵等重点贫困户修建微水池，购买抽水机具；为大树村村民送化肥5吨，为大树村村民陈树忠购买鱼苗，发展种养业；累计培训农民2万多人次，发放农业科技书籍资料2万多本（份）等，为农民脱贫致富做出了积极贡献。（2）在永兴镇篁筱新村卫生站建立医疗下乡服务点，培训乡村医生，形成对口联系帮扶机制；为篁筱新村卫生站争取8万元资金用于基础设施建设，并捐赠了诊断床、心电图机、显微镜等设备。（3）社员中的儿科、妇科、中医、皮肤科等专业技术人才轮流下乡一次，为村民义诊。四是积极参与省市社会服务活动。积极参与"九广合作"，派出卫生专家赴广元市培训医务人员。积极响应社市委的号召，动员社员热情参与对口支援金堂县淮口二小创建"爱心书屋"的活动，东升支社、华阳支社、西航港支社的社员到书店精心选购文学、科技、历史等书籍，共捐书291本、光碟29张，价值3763元，表达了对金堂县淮口二小少年儿童的深切关怀和良好祝愿。

科技扶贫和医疗下乡活动，有效地扩大了九三学社在群众中的影响，受到了广大群众的热烈欢迎。2008年九三学社中央常委会在双流召开期间，社中央主席韩启德、副主席王志珍视察了九三学社双流县委的社会服务工作，并给予了充分肯定和高度的评价。

六、抓宣传工作，重要活动有报道

加强宣传，让社会各界了解九三学社，认识九三学社，是九三学社赢得社会各界关注和支持的重要环节。为了树立形象、扩大影响，社县委主要做了以下工作：一是抓媒体宣传。社县委与县电视台、报社建立了良好的关系，凡是重要活动都请电视台、报社进行报道，争取在当地媒体上有身影、有声音、有记载。二是编发简报。通过简报，让县四大班子领导、各部门、各界了解社县委的工作，支持社县委的工作。三是合作办刊。社县委与《双流作家》等合作开办一些专栏，向社会各界介绍九三学社。四是配合重大活动进行宣传。在开展大型的、重要的活动时，配合宣传九三学社，宣传社县委的工作。比如，今年春节，社县委在棠湖公园举办了九三学社双流县书画院书画作品展，在画展前言部分，特别宣传了九三学社的性质与宗旨、成员构成等内容，通过以上形式的宣传，收到了良好的宣传效果。通过宣传，在双流县范围内，九三学社参政党的形象已经深入人心。

七、抓服务社员，精神寄托有组织

社县委社务工作不懈追求的目标之一，是努力把九三学社双流县的基层组织建设成为每个社员的精神家园。为实现这一目标，全身心服务社员，以此形成凝聚力。社县委重点抓了以下工作：一是强化服务意识。社县委副主委都担任了各支社主委，以此为纽带，建立社县委班子成员与社员联系机制，密切联系社员，做好通知社员参加活动等工作，为社员参加各种活动服好务。同时，及时掌握社员动态，收集社员对社务工作的意见与建议，及时改进工作。二是关心社员的生活。社员生病住院，社县委班子带上慰问金，及时看望，送上全体社员的深情祝福。社县委把社员的困难视为自己的困难，力所能及地帮助社员解决实际困难。社员周玉琢曾因被错划为右派，爱人失去了工作的机会，在他年逾七旬之时，时时担心老伴的晚年生活保障问题。当他得知县社保局有一特殊政策（城镇老年人一次性缴费1.9万至2.1万参加社保，其参保人就可享受退休工人待遇，领取退休金）后，周玉琢希望组织能提供帮助。经了解，当时这一政策办理时间已经结束。考虑到周玉琢的特殊背景与困难，主委亲自到劳动和社会保障局，找科长、分管副局长、局长，通过努力，为周玉琢的老伴补办了社保手续，解决了其老伴的养老问题。三是关心老社员。每年新春佳节，社县委都要慰问70岁以上的老社员，每人发给400元慰问金，使每位老社员感受到了组织的温暖；社县委每年给退休社员每人300元活动经费，由他们统一安排各种活动，丰富他们的精神生活。四是维护社员的合法权益。社员在工作生活等方面遇到不公正待遇或受到委屈时，社县委首先给以精神安慰，同时大胆地伸张正义，依法进行联系和协调，维护其合法权益，使社员感到组织是坚强的依靠。五是倡导互助互爱。社县委推动社员间的合作与交流，增进友谊，共同发展。所有这些热情的服务和真诚的帮助，使每位社员真正感受到组织的温暖，极大地强化了社的凝聚力。

社县委主委曾多次聆听社中央韩启德主席的讲话。韩主席教导说：我们是业余办党，但不能办成业余水平，要让每一位九三社员都成为一面旗帜。韩主席给每一位基层组织负责人提出了很高的要求。作为九三学社最基层的组织，资源非常有限，没有权，没有钱，无法封官许愿，无力为社员的个人成长成才提供更多的帮助与支持。怎么办党？怎样让每位九三社员都能成为旗帜？怎样形成凝聚力？答案只有一个，那就是全心全意地搞好社务工作！在社务工作中铸造爱社精神，增强凝聚力，扩大影响力，树立好形象，进而壮大九三组织！多年来，社县委把对九三学社的热爱贯穿社务工作的全过程，引导社员做到：加入九三学社，就要热爱她，呵护她，为她的发展壮大多做贡献！在社内倡导关心、理解与包容，多关心每位社员的工作与生活，理解大家的难处，包容每位班子成员在社务工作中可能出现的差错，尽力使各支社成为和谐温暖的组织，让每位社员以加入九三为荣，把为九三增光添彩作为人生最大的成就感，把九三学社组织作为自己的精神寄托和精神家园！

在民主党派基层组织建设工作中，有艰难困苦，有酸甜苦辣，也有丰收的喜悦。社县委做了一些工作，取得了一定的成绩，上级组织上也给予了充分的肯定，两次获得全国先进基层组织使社县委更加振奋。归纳起来，要做好基层组织建设工作，有以下一些体会和感受：

一是积极争取中共地方组织的重视与支持。中共双流县委、县政府和县委统战部以及社会各界对民主党派基层组织的工作极为重视，在组织发展、干部培养、选拔、使用等方面给予了大力支持，帮助社县委解决了社务工作中的许多困难。

二是社市委的领导与关爱。2010年来，社市委加强了对基层组织各项工作的领导，高度重视干部的选拔、推荐和人才培养，加强了同中共基层党委和统战部的联系，为基层组织开展工作创造了良好的环境。社市委的正确领导和务实工作，是基层组织工作不断进步的保证。

三是有一个好基础。九三学社双流基层组织从1993年组建以来，在前任主委夏仕蓉同志的带领下，形成了一个团结友爱、合作共事、乐于奉献的好集体，确立了优良传统，为双流基层组织的发展奠定了坚实的基础。

四是有一个好班子。本届委员会班子成员均具有较强的调研议政能力和社会活动能力，善于争取领导，善于团结同志，善于合作共事，乐于帮助社员办实事，热心社务工作，乐于奉献。班子成员的模范带头作用，在社员中树立了威信，产生了凝聚力，得到社市委及社中央的一致认可。

五是有强烈的事业心和责任感。民主党派基层组织工作的关键在班子。社县委班子成员都能把社务工作当作事业来干，把九三学社作为生命来爱，能正确处理社务工作与本职岗位工作的关系，科学安排时间，做到社务工作与本职工作同发展、共进步。每年社县委精心制定年度工作计划，精心组织好每一次活动，认真研究规范化服务，社务工作不断跃上新的台阶。社县委关注每位社员，千方百计为年轻社员成长争取支持，创造条件。

各位领导，各位同仁，九三学社双流县委员会的工作取得了一定的成绩，但与兄弟基层组织相比，还存在一定的差距，社县委将以此次会议为契机，虚心学习，取长补短，百尺竿头，进一步搞好各项工作，团结带领全体社员，在"民主与科学"旗帜下，为双流县的经济发展、社会进步、政治民主做出更大的贡献，以此回报各位领导、各位同仁的关心与厚爱！

积极争取党的领导　全力推动九三发展
——九三学社成都市委基层组织主委会经验交流发言材料
（2010年7月）

九三学社双流县委员会和其他民主党派基层组织一样，基本上属于无活动场地、无活动经费、无专职人员的"三无"组织，处于发展成员难、开展活动难、推荐人才任职难的"三难"境地。作为基层组织的主委，要搞好基层组织的各项工作，不仅要有一腔奉献的热情，一颗负责的心以及坚韧不拔的意志、克服困难的决心，还要善于争取中共地方组织的支持，才能把社务工作搞得有声有色，取得成效。长期以来，社县委积极争取中共双流县委的领导和统战部的支持，较好地推动了九三学社双流县委员会的各项工作有效开展。

一、提高认识，增强接受中国共产党领导的自觉性

中国共产党是执政党，是中国特色社会主义事业不断取得胜利的保证，也是九三

学社基层组织不断发展壮大的依靠。社县委把教育社员自觉接受中国共产党领导贯穿社务工作的全过程，扎实做好"三抓""一表率"工作。所谓"三抓"：一抓学习。社县委充分利用组织活动，认真学习中共中央、省市委，特别是中共双流县委的重要文件，领会精神实质，用心感受中国共产党为国家富强人民幸福辛苦执政的责任心与奉献情。这是自觉接受党的领导的基础。二抓议政。部分社员特别是退休社员对县委政府乃至市委市政府的工作思路、工作重心以及农民拆迁、城市建设占用土地、工资福利等政策不够理解，对个别部门的工作及某些社会问题不够满意，偶尔发牢骚，对党政工作提出批评意见。对此，社县委开展议政活动，给社员发表意见的机会。同时，有针对性地进行讨论、辩论，以此达到澄清问题、明辨是非、统一认识的目的，增进社员对党政工作的了解，理解执政党肩负的重任和面临的困难，让社员心情愉快地接受党的领导。三抓落实。一方面，在社务工作中贯彻落实中共双流县委的工作思路和重大决策，要求社员把党政工作的奋斗目标作为自身本职工作的奋斗目标，落实在行动上。另一方面积极落实县委统战部关于党派工作的安排部署，扎实完成每一项工作任务。2009年，社县委动员全体社员积极参与，完成了统战部"六个一"活动（提一个好建议、搞一次专题调研、引进一个项目、搞一个试点活动、帮扶一户困难家庭、应对国际金融危机献一策）的各项工作任务，获得统战工作一等奖。最近，统战部与县政协联合召开"建设空港现代田园大城市"论坛，社县委组织力量调查研究、座谈、讨论，形成了重要研究成果，提交了《公平正义的社会理念有助于建设更加美好的田园城市》《浅谈空港现代田园大城市人与自然的和谐》两篇论文。紧扣县委政府工作思路做好党派工作，努力完成统战部的工作任务，是接受党的领导的具体表现。

　　所谓"一表率"，就是接受中国共产党领导，主委和班子成员做好表率，做到态度端正、观点鲜明、立场坚定。态度端正，就是自觉置于中国共产党的领导下。观点鲜明，就是用党的领导来指导日常工作生活；代表九三学社双流县委员会参加各种会议和活动时，要充分表达拥护中国共产党的领导的鲜明观点。立场坚定，就是在面对处理"法轮功"邪教组织等重大事件以及敌对势力亡我之心不死的重大问题时，要旗帜鲜明地站在中国共产党一边，拥护中国共产党的决定。

　　通过"三抓""一表率"，自觉接受中国共产党的领导已经成为社员的自觉行动。

二、努力工作，为争取党的领导提供支撑

　　全心全意做好各项社务工作，努力在本职工作岗位上建功立业，是争取党的领导的重要条件。要感动他人，必先感动自己。长期以来，社县委扎实搞好各项社务工作。用实实在在的业绩来赢得党政领导及社会各界的认可，从而感动党政领导，让党政领导把九三的业绩看作双流工作业绩的一部分，把九三的荣誉看作双流的荣誉，以此赢得党政领导对九三的支持和帮助。

一是通过组织活动来引起党政领导及社会各界的高度关注。组织活动是展示九三风采的重要平台。社县委围绕县委的工作思路和政府中心工作安排组织活动内容，把九三组织活动作为双流整体工作的组成部分，通过媒体宣传和我们编写的简报，反映组织活动的效果，引起领导关注，赢得支持。

二是通过调查研究为贯彻县委工作思路积极建言献策。近年来，社县委针对农业产业发展、新农村建设、空港现代田园大城市建设等组织专题调研，形成了高质量专题调研报告。这些调研紧扣县委工作思路，切合政府中心工作，关注民生，关注发展，所提建议意见符合双流发展实际，切实可行，受到县委、县政府主要领导的高度重视。

三是通过社会服务来扩大九三学社的影响。社县委利用农业、卫生等方面的人才资源，持之以恒地在永兴镇、彭镇开展科技帮扶活动，取得了可喜的成效，受到各界高度关注和充分肯定。社县委积极参与统战部等有关部门组织的科技、卫生下乡工作，为这些活动开展提供了有力的人才资源支撑。许多社员自觉济贫济弱、扶危济困，为九三赢得了广泛赞誉。所有这些，都很好地扩大了九三的影响，受到县委、县政府及统战部充分赞许。

四是通过实现自身价值来展示九三风采。社县委鼓励社员围绕县委政府中心工作，在本职岗位上建功立业，以优秀的人品和优良的工作业绩，展示九三社员在经济建设、社会进步进程中发挥的重要作用。社县委每一位社员都为组织赢得了荣誉。今年，县一医院中医专家潘泽恩荣获成都市劳动模范称号，双流媒体作了全面宣传报道，赢得全县上下一片赞扬。潘泽恩就是全体社员的杰出代表。

人们常说有为才有位，这些年来，社县委社员的杰出表现和社务工作的辉煌业绩，为九三学社双流县委员会争取中共双流县委的领导和统战部的关心支持奠定了坚实基础，成为社县委争取支持、加快发展的宝贵资源。

三、主动争取领导，把党的关怀转化为九三发展的资源

九三人才济济，但资源贫乏。中共的领导是巨大的资源，争取党的领导，与党委和统战部搞好关系，就能为九三发展赢得财力、物力和政治资源，从而帮助九三克服困难，做好各项社务工作。为此，社县委着力抓好三个方面的工作：

一是把握重点，做好表率。重点一，唱响一个主题——拥护党的领导，虚心接受党的领导，与党中央保持高度一致，突出政治把握能力。重点二，摆正一个位置——执政党与参政党基层组织的位置，做到接受党的领导态度端正、心态平衡、心情愉快。重点三，做好一个表率——从主委做起，从自身做起，把握社务工作的正确方向。达到一个目的，让党组织满意，让自身发展顺利。

二是加强联系，主动汇报。具体工作中做到"一勤""三主动"。"一勤"就是勤往统战部走。民主党派工作是统战部工作的重要内容，我们多去走走坐坐，及时沟通，

既表示对统战部的尊重，也让统战部感到自身对于民主党派的巨大价值。"三主动"，其一，主动汇报工作。九三的重点工作和重大活动，在开展前口头或书面向县委书记、统战部领导汇报，事后以简报形式汇报取得的成效。其二，主动邀请参加活动。社县委的重要活动，都主动请党政主要领导、统战部领导参加。在活动中增进友谊，通过领导参加活动，传递政情，与社员形成情感沟通。其三，主动完成统战部布置的工作。积极参加统战部组织的活动和召开的会议，积极完成统战工作任务，积极向社员宣传统战部对党派工作的支持，为统战工作全面发展作贡献。

三是争取资源，加快发展。牢固树立党的领导是资源的观念，积极争取执政党的各种资源推动九三发展是基层主委的重要工作。争取政治资源，为社员成长成才创造条件；争取舆论资源，让党组织说九三好，肯定九三的点滴进步，为九三发展创造良好的社会环境；争取财力资源，为社务工作有效开展提供有力支撑。具体工作中，社县委做到"三争取"：争取党组织，也就是争取县委对九三的关注，得到了县委的认可与关心，就解决了九三发展的一切困难。争取财政，也就是争取县政府的经费支持。争取一群人，也就争取统战部及有关方面的帮助。

在中共双流县委的领导下，在统战部的支持帮助下，九三学社双流县委员会各项工作得到长足发展。组织工作成效显著，社员由十年前的19人增至现在的58人。一大批优秀中青年学科带头人加入了九三学社，部分优秀人才走上领导工作岗位。参政议政，建言献策，质量不断提高，深受党政领导重视。党政领导充分保证了社县委的专项工作经费，为开展各项工作提供了巨大的支持。党政领导主动关心九三的工作和成员的进步。2010年两会期间，县政协主席为民主党派呼吁，建议从预算上增加民主党派活动经费。在各级领导关心下，九三学社双流县委员会充满了蓬勃生机与活力。

让党政主要领导把社县委的工作当作全县工作的组成部分，社县委就会赢得加快发展的机会。争取执政党的资源支持，就会为九三发展奠定坚实基础。

秉承民主与科学宗旨　共建九三学社精神家园
——九三学社双流县委员会建设精神家园的探索与实践

（2013年5月13日）

九三学社四川省成都市委双流县委员会在总结社务工作成功经验的基础上，于2009年首创提出建立九三精神家园，得到社中央邵鸿副主席的充分肯定和社市委的大力支持。为了探索新时期参政党基层组织建设的创新路径，社县委系统开展了精神家园建设的探索与实践，社员精神面貌焕然一新，各项社务工作取得显著成绩，社内凝聚力和社的形象得到极大提升。

一、建设九三精神家园的历史沿革

九三学社双流县委员会的前身九三学社双流县支社成立于1993年11月，2008年10月升格为双流县委员会，由东升支社、西航港支社、华阳支社组成，现有社员75名。二十年来，通过全体社员的共同努力，社县委的各项工作取得了长足发展，连年被社省、市委评为先进集体，2005年、2006年连续两年被社中央评为全国"先进基层组织"。

20年前，第一任主委夏仕蓉同志在经费极其困难、条件极其艰难的情况下，坚持召集组织生活。没有交通和通讯工具，夏主委骑着自行车通知社员参加活动；没有经费，大家轮流在家里办"转转会"过组织生活；社员遇到工作和生活的困难，夏主委不辞辛劳跑上跑下提供帮助。凭着对九三学社的热爱，对民主与科学的信仰，社员紧紧地团结在一起，抱成团，守望相助，推动组织的发展壮大。

如果说，夏主委那个阶段的基层组织属于初创阶段，艰苦创业奠定了双流县支社的发展基础的话，那么第二任主委蒲光树同志接手时的双流县社组织已经初具规模了。俗话说，创业难，守业更难。在社员人数不断增加，社员年龄结构、知识结构日益复杂，社员诉求日益多元化，执政党对参政党要求越来越高、参政议政压力越来越大的情况下，社县委的发展遇到了更加严峻的考验。为了把委员会建设成为更有凝聚力的参政党基层组织，蒲主委带领大家积极探索建设九三精神家园，逐步形成了"一载体一主线四重点三平台"模式——即以组织生活活动为载体，以思想建设为主线，突出班子建设、制度建设、人才建设、人文关怀四大重点，搭建任职、履职、服务社会的三大平台，努力为社员营造和谐温暖的基层社组织精神家园，让每位社员以九三学社为荣，把为九三学社增光添彩作为人生的成就，共同守护九三精神家园。

二、建设九三精神家园的探索与实践

（一）以组织生活活动为载体，建立精神家园的情感纽带

过好组织生活，是社县委在长期的基层组织建设中得出的重要经验。组织生活是基层组织的重要基础工作，是建设精神家园的重要载体。精神家园建设的一切工作都在组织生活的活动中展开，在活动中推进，在活动中落实。没有高质量的活动，精神家园建设只能是空中楼阁。因此，搞好组织生活活动是做好基层组织社务工作、建好精神家园的头等大事。通过摸索，社县委形成了"三有""五结合"的组织生活双流特色，组织生活质量不断提高，社员的精神需求在组织活动中得到了满足。

"三有"是指有制度、有计划、有主题。我们建立了组织生活请假制度、签到制度。年初把年度组织生活活动计划安排及时发到社员手里或公布在QQ群里，便于社

员做好准备，积极参加活动。每次活动尽力做到主题鲜明集中，让社员乐意参加，让社员感到不参加活动是一种精神损失。

"五结合"是把组织生活同重大政治活动相结合，同社中央、省、市的工作重点相结合，同双流县党政中心工作相结合，同参政议政和社会服务相结合，同自身建设相结合。如组织十八大精神的学习座谈，组织双流县重大决策部署的传达学习，组织参观调研农业产业调整、农业园区建设、新农村建设成果，召开年轻社员专题学习会，"以九三为荣、为九三增光"专题演讲会，邀请兄弟社组织如四川大学、西南交通大学、成都理工大学、成都信息工程学院、建材院等社组织到双流开展联谊活动等。

实践证明，组织生活是社员与组织情感联系的纽带。组织生活活动开展得好，社员参与的积极性就高，基层组织的吸引力、凝聚力、影响力就强，基层组织就充满生机与活力，精神家园建设就有了依托，社员的个体差异、诉求差异在组织活动中交流、交融，不断得到升华，进而成为具有九三共同核心价值的基层组织文化。

（二）以思想建设为主线，强化精神家园的理想信念和价值追求

共同的理想信念和价值追求是精神家园的灵魂。社县委以"民主与科学"为宗旨建设精神家园，强化社员的理想信念和价值认同，营造良好的九三学社精神文化氛围，形成社员的精神支柱，成为社员爱岗敬业的精神动力。

思想建设的主要做法，一是强化社史教育。组织社员到重庆瞻仰九三学社成立旧址，举办九三学社成立史、奋斗史讲座，举办九三学社双流基层组织艰苦奋斗史讲座，以此激发社员对九三学社精神层面上的崇敬感、荣誉感和自豪感。二是强化优良传统教育。九三学社成立六十多年来，秉承"民主与科学"宗旨，形成了坚定接受共产党领导、与共产党亲密合作，忧国忧民、科技报国，以天下为己任、敢于担当、无私奉献等优良传统，以及双流基层组织成立以来形成的忠于组织、团结友爱、艰苦奋斗、敬业奉献的优良传统，这些优良传统彰显了九三人特有的精神追求和精神气质。三是强化榜样的引领作用。先后举办了学习王选、闵乃本、杨佳的事迹报告会、学习座谈会，把他们热爱九三、忠于组织、追求卓越的精神力量，转化为社员立足本职工作的双流九三时代精神——坚定正确的价值取向，与时俱进的民主精神，实事求是的科学态度，持之以恒的进取状态。四是强化年轻社员的理想信仰教育。年轻社员是九三学社的未来与希望，是九三学社宗旨精神的传承者，是九三事业的开拓者。抓好年轻社员的成长，就抓住了九三的未来。社县委组织年轻社员开展"以九三为荣，为九三增光"的专题学习会、谈心会、专题演讲会，激发年轻一代九三人的爱社情结，引导年轻社员对组织的认同与忠诚，形成与时代相适应的政治立场、思想观念、价值追求、精神气质和精神风貌，激励他们成为九三学社的未来之星，成为九三学社精神家园的守护者。

社县委持之以恒的思想建设取得的成就，突出体现在社员尤其是年轻社员在政治上的不断成熟，使他们牢固树立起正确的理想信念和坚定正确的政治方向，具备了弘扬"民主与科学"的强烈责任感和神圣使命感，并在组织中获得了人生旅途的精神支撑和精神慰藉。社员个体的精神需求汇聚成组织的群体需求，最终在精神家园建设中形成了社县委的基层组织政党文化。

（三）突出"四大重点"，构筑建设精神家园的保障机制

精神家园建设是一个长期的过程，要使这个过程不间断并且有效坚持，必须要有机制的保障。为此，社县委切实抓好以下四个重点：

一是班子建设。基层组织直接面向广大社员，班子的团结奋进是搞好社务工作的基础，班子成员的能力和魅力是精神家园的凝聚力。社县委对班子成员明确提出了"加强学习重修养、遵守规矩带好头、多做贡献服好务"的要求。我们特别强调班子成员的纪律约束和责任意识，要求班子成员自觉遵守各项规章制度，带头做好所承担的社务工作，对组织负责，为社员服务。

二是制度建设。为确保社务工作的制度化、规范化，社县委以制度规范社务工作和社员参加各项社务活动的行为，先后制定并完善了《委员会组成人员工作职责》《委员会会议制度》《委员会班子成员联系社员所在单位制度》《委员会组织生活制度》《委员会议政日制度》《委员会奖励制度》等工作制度，并在社务工作中严格遵守。

三是人才队伍建设。基层组织发展事关社的发展壮大，是社充满朝气与活力、肩负历史使命的重要保障。社县委实行发展新社员的"主委谈话制"，注意吸收政治素质高、业务能力强、热爱九三、有影响力、年轻富有朝气的代表性人士入社。建立了班子成员与社员所在单位联系制度，定期、不定期走访社员所在单位领导，掌握情况，增进了解，沟通意见，为社员成才创造良好的工作和生活环境。加强培训，积极推荐挂职锻炼，先后推荐钟朝晖到正兴镇挂职副镇长、薛英到武侯区晋阳街办挂职街办副主任。

四是人文关怀。为了实现把九三学社双流县委员会建设成为每个社员的精神家园这一目标，社县委全身心服务社员，以此形成凝聚力。建立了班子成员与社员的联系机制，密切联系社员，及时掌握社员动态，收集社员对社务工作的意见与建议，不断改进工作。关心社员，社员生病住院及时看望并送上慰问金。把社员的困难视为自己的困难，力所能及地帮助社员解决实际困难。关心老社员，每年新春佳节组织慰问70岁以上的老社员，每人发给400元慰问金，使每位老社员感受到了组织的温暖；给退休社员每人每年300元活动经费，由他们统一安排各种活动，丰富他们的精神生活。努力维护社员的合法权益，当社员在工作生活方面遇到不公正待遇时，首先给以精神安慰，同时依法协调，维护其合法权益，使社员感到组织的坚强依靠。社县委倡导互

助互爱，推动社员间的合作与交流，增进友谊，共同发展；倡导社员利用自身特长与资源为社员排忧解难服好务。所有这些热情的服务和真诚的帮助，使每位社员真正感受到组织的温暖，极大地强化了社的凝聚力。

上述四大重点工作，构成精神家园建设的组织、制度、人才、服务社员四大保障机制，为满足社员高层次精神需求，凝聚社员心智，推动精神家园建设创造了条件。

（四）搭建"三大平台"，展示九三学社昂扬向上的时代精神

一是搭建任职平台。社县委努力推荐社员实职安排和政治安排，现在，社员中有县政协副主席1名，副局级领导2名；本届成都市人大代表2名、市政协委员2名（含常委1名）；本届县人大代表9名（含常委1名），县政协委员13名（其中副主席1名、常委4名）。2012年支社换届时，有十多名30岁左右的社员进入支社领导班子，成为支社的带头人。

二是搭建履职平台。参政议政、建言献策是民主党派基层组织的重要履职工作，是参与地方政治生活的具体体现。重点抓好议政建言"五个结合"：引导和要求社员把议政建言同党政中心工作、日常生活、本职工作、社会服务、组织活动相结合；突出"四大重点"：专题调研、"两会"建议提案、议政日活动、座谈会发言。社员主动关注国计民生，做生活工作的有心人，发现问题，感悟真知灼见，思考对策建议，寻求议政建言的最佳结合点。社县委特别强调让年轻社员参与履职，在履职中提高认识、增长才干。为此，特别设立了课题调研经费，为社员开展专题调研提供经费保障，积极协调相关部门及镇、街道办，为社员调研创造条件；设立了参政议政奖、科研成果奖、组织发展奖、特殊贡献奖等奖项，鼓励社员在"民主与科学"的旗帜下，为政治民主、科学进步积极贡献，实现其人生价值。通过努力，参政议政能力和水平不断提高，提出的调研报告受到社市委的高度重视。2009年、2010年，社县委撰写的《加强农村基层民主政治建设的建议》《关于生活垃圾分类收集处置的调查与建议》两篇调研报告，均被社市委采纳为市政协全会大会发言，并被全国政协委员采用为全国政协提案。

三是搭建社会服务平台。社县委的科技扶贫和医疗下乡活动，为社员施展才华创造了条件，有效地扩大了九三学社在群众中的影响，受到了广大群众的热烈欢迎。2008年九三学社中央常委会在双流召开期间，社中央主席韩启德、副主席王志珍视察了九三学社双流县委的社会服务工作，并给予了充分肯定和高度的评价。

三大平台为社员广泛参与、奉献智慧创造了条件，同时社员在积极参与中、在点滴进步中获得成就感，精神需求得以释放、实现和满足，展示了九三学社社员充满朝气、昂扬向上的时代气息，这是九三学社双流县基层组织建设精神家园的重大成果。

三、建设九三精神家园取得的实效

九三学社双流县委员会在精神家园建设中探索出来的"一载体一主线四重点三平台"方法，有力推动了九三学社双流县委员会的全面进步，受到社会各界一致好评，树立了良好形象，有效地满足了社员的精神需求。

作为九三学社最基层的社组织，所拥有的资源非常有限，没有权，没有钱，无法封官许愿，难以为社员的个人成长成才提供更多的帮助与支持。怎么办党？怎样在每位九三社员心中形成凝聚力？答案只有一个，那就是全心全意的建设九三人共同的九三精神家园！铸造爱社精神，把对九三学社的热爱贯穿社务工作的全过程，引导社员做到加入九三学社，就是要热爱她，呵护她，为她的发展壮大多做贡献。在社内倡导关心、理解与包容，多关心社员的工作与生活，理解大家的难处，包容每位班子成员在社务工作中可能出现的差错，尽力使双流县委员会成为温暖的家，把九三学社作为自己的精神家园！

专题记述

科技铺就致富路
——九三学社双流县支社科技帮扶增收活动侧记
（2008年3月）

2008年2月3日，九三学社双流县支社主委、副主委一行来到永兴镇大树村树忠、谢忠良等村民家中，送上了棉被和慰问金，送上了九三学社双流县支社全体社员对农民朋友的关心和厚爱。

永兴镇大树村村民以种养业为主，经济欠发达，农民增收较为缓慢。2004年3月，九三学社双流县支社按照九三成都市委的要求，利用自身人才优势，在永兴镇大树村开展科技帮扶增收活动。支社成立了帮扶工作组，落实了帮扶责任人，科技帮扶正式启动。科技帮扶工作组成员进村入户调查研究农户种养业及人均种养业收入等情况，为实施科技帮扶提供了可靠的依据。根据永兴镇大树村耕地类型和种植习惯，为村民制定切合实际的种植计划和种植方式，引导村民大力调整产业结构。同时，采取集中与分散相结合等形式，对村民进行设施栽培、平衡施肥、化学除草、病虫害防治、田间管理等实用技术培训，向村民发放《科学施肥》《草莓周年管理历》等农业科技资料2000余份。为村民和重点帮扶户送复合肥5吨以及大量的农药、种子和种苗、大口鲶养殖扶持资金6000元。及时为农户传送各类技术信息、市场供求信息、气象信息和用工信息，有效助推了农民增收；及时传送病虫害发生预报信息，使农作物病虫害防治普及率达到了82%以上，降低生产成本16%以上。

九三学社双流支社干大木、赵晓等社员是省内外知名农业专家，具体负责科技帮扶的实施。他们长期以电话等形式保持与农户的联系，带着农业科技资料，深入田间地头推广农业新品种、新技术，手把手地培训科技帮扶农户，亲临现场解答村民提出的问题。2005年元月，双流县遭遇多年未遇的霜冻灾害，大面积枇杷幼果被冻坏。如不及时采取措施，可能减产50%以上，果农的收入将受到严重影响。干大木、赵晓等社员在积极投入全县抗灾自救工作的同时，代表九三学社双流支社为大树村陈树忠、谢忠良等村民送去了防冻剂和叶面肥，认真指导村民使用。九三社员依托科技和聪明才智，将枇杷损失降到了最低限度，大树村村民也因此获得了稳定收入。星移斗转，寒来暑往，九三社员就是这样，对这片土地倾注了满腔热情。他们的足迹踏遍了科技帮扶的田间地头，他们与科技帮扶的村民结下了深厚的情谊，他们用智慧与辛劳催生出这片土地的希望与梦想。

陈树忠、谢忠良是较为典型的困难户，他们都只有小学文化，都缺乏应有的技术和投入，都有高龄父母和读书小孩，都以种养业为主，2003年家庭年人均纯收入仅700~900元。特别是陈树忠，房屋受灾垮塌，在改建时砸伤了腰，住院治疗使其负债累累，家境十分贫困。2004年夏天，九三学社双流支社的领导们到大树村走访科技帮扶户得知这一情况，心情十分沉重，陈树忠、谢忠良贫困的家境，使九三社员感到了沉甸甸的责任。九三学社以民主与科学为己任，依托农业科技人才，让这些村民摆脱贫困，九三学社双流县支社义不容辞！九三学社双流支社当即与镇村负责人商定，把陈树忠、谢忠良等贫困户作为重点帮扶户，由九三学社双流支社筹资6000元，帮助陈树忠利用自家鱼塘发展大口鲢鱼养殖，并资助谢忠良等发展枇杷等水果产业，镇村给予适当扶持，尽量帮助他们摆脱贫困。这以后，九三学社双流支社负责人多次到陈树忠、谢忠良家中，走访了解生产和生活情况，从各个方面给予支持和帮助。在九三学社双流支社的帮助下，如今，陈树忠、谢忠良等村民年人均纯收入在2004年的基础上翻了三番，越过了温饱线，正昂首走向小康。

一点一滴的付出，赢得一分一厘的增收，分分厘厘积聚成农民朋友的金山银山，点点滴滴汇聚成农民增收的源泉。九三学社双流县支社的科技帮扶，推动了当地农业科技进村入户，提升了农业科技在农业经济发展中的贡献率，促进了农业产业发展和农民增收，不少青壮年农民因此成了"土专家"和种田能手。

2008年新春佳节前夕，九三学社社员再次来到陈树忠、谢忠良等村民家中，送上新年的深深祝福，送上九三学社的关爱。在谢忠良家，他们仔细了解枇杷等农作物种植情况，随行的九三学社社员、农业专家干大木、赵晓留下了联系电话，表示随时为谢忠良等村民提供及时而有效的服务。在陈树忠家，他们关切地询问陈树忠身体恢复情况，能否从事重体力劳动，并向陈树忠宣讲合作社的优势，鼓励陈树忠加入永兴镇渔业合作社。随行的永兴镇游春贵副镇长当即表示，2008年重点帮助陈树忠加入渔业合作社，扩大大口鲢鱼养殖规模，提高养殖质量。

农家小院，笑声朗朗，陈树忠、谢忠良等村民感激之情溢于言表。

告别陈树忠、谢忠良等村民，九三学社社员又来到对口帮扶的田间地头，仔细察看枇杷、草莓等农作物的长势。时令虽是残冬，但煦暖的阳光下，茂密的枇杷林青翠欲滴，玛瑙般的冬草莓芳香扑鼻……九三社员的脚下一派生机，科技帮扶铺就农民朋友增收致富的康庄大道。

亲切关怀　巨大鼓舞
——九三学社第十二届中央常委会第三次会议纪实
（2008年5月）

2008年5月6日，九三学社第十二届中央常务委员会第三次会议在双流县隆重召开。全国人大常委会副委员长、九三学社中央主席韩启德出席会议并作重要讲话。全国政协副主席、九三学社中央副主席王志珍及副主席陈抗甫、冯培恩、邵鸿、谢小军、赖明、马大龙等出席会议。

开幕式上，中共四川省委副书记李崇禧和中共成都市委副书记唐川平到会祝贺并讲话。中共双流县委书记谢瑞武，中共双流县委副书记、县长森林，双流县人大常委会副主任、九三学社双流县支社主委蒲光树应邀出席开幕式。

会议交流了开展以坚持走中国特色社会主义政治发展道路为主题的政治交接学教活动的做法和经验，研究部署了如何在全社深入开展政治交接主题学教活动、建立推进政治交接的长效机制等工作，九三中央主席韩启德总结了九三学社前一阶段的政治交接学教活动的情况，对各地在活动中取得的成绩给予了充分肯定。他说，政治交接学教活动的主要内容，概括地说就是回头看，继承和发扬九三学社"爱国、民主、科学"的优良传统；向前看，顺应时代发展的潮流，认清九三学社在新时期的历史使命；低头看，努力加强自身建设，提高自身素质。

韩主席希望通过政治交接学教活动，充分了解和把握中国国情，正确理解民主的内涵和形式，坚定接受中国共产党领导的信念，坚持科学发展观，弘扬九三学社老一辈科学家忧国忧民、无私奉献的精神。

在双流期间，韩启德主席、王志珍副主席等社中央领导一行，在中共双流县委书记谢瑞武和九三学社双流县支社主委蒲光树的陪同下，兴致勃勃地视察了双流县金桥镇昆山都市农业园区、空港保税物流园区、双流县规划展览馆、四川大学江安校区、大林镇石庙村秸秆气化站和永兴镇篁筱新村新农村建设。九三学社中央领导对双流深入实施以"35223"为核心的统筹推进"三个集中"发展思路，团结一心，努力奋斗，在经济、社会、文化、卫生等各个领域所取得的成就给予了高度评价和充分肯定，表示将充分发挥九三学社的科技优势和社会影响力，为双流的社会经济又好又快发展、保持西部领先地位给予有力支持。

九三学社基层组织建设一直是社中央领导关注的重点。在双流县支社主委蒲光树、副主委李芳平的陪同下，韩主席和王志珍副主席等社中央领导视察了双流县支社政治交接学教活动和社会服务情况。

九三学社双流县支社深入开展政治交接学教活动，加强思想建设、组织建设，充分利用人才优势，积极开展科技扶农和医疗义诊等社会服务活动。2004年、2005年连续两年获得社中央"先进基层组织"的称号。韩主席等社中央领导十分关注，中常委会在双流召开之前，韩主席欣然为双流县支社题词："和谐发展"，勉励全体社员不断努力。

永兴镇篁筱新村等地是九三学社双流县支社科技帮扶的联系点。视察中，韩主席详细询问了支社对口帮扶的内容、形式和方法，仔细观看支社政治交接学教活动展板。作为医学专家的韩主席，非常关心村卫生站的建设，关心农民看病就医的情况。他仔细查看了卫生站的药品的质量和价格，详细了解村卫生站药品的进货渠道和医疗收费情况，工作人员现场演示了心电图检查的操作过程，韩主席对村医生能掌握心电图机的操作方法大加赞赏，并亲自查看心电图纸的检查结果。为了解村卫生站的中医服务能力，他和王志珍副主席还以病人的身份，请村卫生站的年轻医生为其把脉诊病，抽问中医基础知识；对双流县支社派社员定期到卫生站指导农村医疗业务的帮扶形式非常肯定，他高兴地说：这种形式好，很适合基层，你们一定要坚持做下去。

2008年5月8日晚7时，在成都金牛宾馆举行了九三学社中央领导与成都基层组织社员座谈会。九三学社中央主席韩启德、副主席王志珍、陈抗甫、冯培恩、贺铿、邵鸿、谢小军、赖明、马大龙与九三学社成都市各基层组织主委、社员欢聚一堂，畅谈民主与科学。座谈会由四川省政协副主席、九三学社四川省主委黄润秋主持。县支社全体社员参加了座谈。县支社主委蒲光树向韩启德主席等中央领导汇报了支社以组织活动为载体，加强思想建设和组织建设的做法，重点汇报了县支社把政治交接学习教育活动作为基层组织各项工作的主线贯穿始终，强化自我学习教育，强化自律自励，强化自身建设，使学教活动做到了与自身建设、服务社会、履行职责三结合，收到了政治责任、社会责任、工作责任"三增强"的阶段性成效。韩主席等中央领导认真听取汇报，对双流县支社基层组织扎实开展政治交接学习教育活动的做法予以充分肯定，并勉励大家要继续为地方经济建设和社会进步多作贡献。

积极参加抗震救灾　　热情奉献人间大爱
——九三学社双流县委员会抗震救灾侧记
（2008年10月）

2008年，"5·12"汶川特大地震发生后，九三学社双流县的广大社员立即投入抗震救灾各项工作。

灾情牵动着每一位社员的心。出差在外的双流县人大常委会副主任、主委蒲光树很快打电话关心灾情，与灾区人民同呼吸共命运，尽一份力，献一份爱，并中断行程，火速返回，参与组织领导抗震救灾工作，深入对口联系的兴隆镇了解灾情，慰问受灾群众，带领相关部门负责人研究灾后重建对策，部署灾后重建各项工作。全体社员纷纷伸出援助之手，为重灾区捐款27100元。不少社员亲赴重灾区夜以继日工作在抗震救灾第一线。县城乡园林局副局长、副主委邸平，县卫生局副局长、副主委李芳平以高度的政治责任感和使命感，参与领导都江堰市重灾区蒲阳镇等安置点道路基础设施、安置点绿化美化和伤员救治、灾后防病、医务室援建等重要工作，圆满完成了工作任务，受到了各级领导的高度称赞。县卫生执法监督大队副大队长胡月明为早一点让受灾群众吃上放心饭，昼夜驻守在都江堰蒲阳镇、灌口镇安置点食堂建设工地，对建设过程进行卫生技术指导，对食品卫生、饮用水卫生、传染病防控进行了全程监督，把住了"病从口入"关，保证了安置点无食源性病患、传染病等突出公共卫生事件的发生。社员周旭英在丈夫已赴灾区救援后，将年幼的女儿交亲友托管，主动请缨，第一时间跟随一线救援部队赴都江堰。当她目睹现场，觉得只是流泪是很无力的，只有坚强，她用手背迅速地擦干眼泪，用她并不伟岸的身躯背着近30公斤重的机动喷雾器对废墟和尸体进行消毒。烈日和高浓度的消毒药水让很多人在掩面捂鼻的同时，也刺激并损害着她白皙的皮肤，她没有丝毫抱怨和犹豫。参与救援的其他同志见她身板瘦弱、疲惫不堪，一次次要替换她，不善言辞的周旭英没有豪言壮语，只是说："没事的，我真的可以坚持下去。"她就这样，一次次婉言谢绝了同志的帮助，坚守在最艰苦的岗位上，以满腔热情和顽强的毅力感动着现场许多人。周旭英因其出色的表现，被九三学社成都市委评为抗震救灾先进个人，受到社市委的表彰，也为九三双流县委赢得了荣誉。

在大灾面前，邸平、李芳平、胡月明、李英杰、易世福、周旭英等社员舍小家顾大家，用实际行动展示了九三学社双流县委员会全体社员忧国忧民的精神风采，谱写出一曲曲大爱无疆的动人乐章。

第一篇　政治建设

第一章　政治领导

第一节　共产党领导的多党合作制度的建立

为了迎接全国革命胜利的到来，中共中央在1948年4月30日发布纪念"五一"劳动节口号，号召"各民主党派、各人民团体、各社会贤达迅速召开政治协商会议，讨论并实现召集人民代表大会，成立民主联合政府！"中共"五一"口号极大地鼓舞了艰苦斗争的各民主党派，各民主党派积极响应，拥护召开新政协，并在讨论新政协活动中增强了团结，提高了政治觉悟，逐渐接受了以新民主主义作为指导思想，承认中国共产党的领导地位。由此，中国共产党领导的多党合作制度形成。

第二节　中共双流县委的政治领导

中共双流县委高度重视统一战线工作，利用县委中心组学习会、各界人士座谈会、党校干部培训等形式，经常性组织民主党派成员学习党的路线、方针、政策；学习统一战线理论；学习《中共中央关于坚持和完善中国共产党领导的多党合作和政治协商制度的意见》（中发〔1989〕14号）、《中共中央关于进一步加强中国共产党领导的多党合作和政治协商制度的意见》（中发〔2005〕5号）等统一战线文件精神，并在统战工作中贯彻落实。县委主要领导坚持参加九三学社双流县基层组织的重大活动，如1993年11月九三学社双流县支社成立大会、2005年9月3日九三学社双流县支社庆祝九三学社成立60周年大会、2008年10月九三学社双流县委员会成立大会、2009年3月九三学社成都市基层组织建设工作双流现场会等，历届县委书记金世诚、谢瑞武、高志坚，副书记徐峰鸣、王波等都亲临大会发表重要讲话。2004年，九三学社双流县支社被九三学社中央评为全国先进基层组织，中共双流县委发来贺信，并召开座谈会，县委副书记张秀华等领导到会表示祝贺。在活动中，历届县委认真宣传党的路线、方针、政策和重大工作部署，使九三学社社员加深对中央、省、市、县的路线、方针、政策和重大决策的理解，提高对多党合作政治制度的认识，坚定了接受中国共产党领导，走中国特色社会主义道路的信心，有效提高了九三社员的政治素质和政治把握能力，达到了思想上同心同德，目标上同心同向，行动上同心同行。县委、县政府坚持实行邀请民主党派负责人列席党代会、政府全体（扩大）会议、民主党派领导干部列席所在机构或所在部门党组会，坚持实行政府部门对口联系民主党派制度，坚持适时召开情况通报会，听取党派负责人对县委、县政府及相关部门工作的意见和建议。这些活动达到了知情明政的作用，帮助九三社员更好地开展调查研究和建言献策工作，有利于九三社员了解政情和社情，有利于九三社员在政治文明、物质文明和精神文明建设中贡献智慧，发挥作用。

县委统战部高度重视党派工作，统战部负责人经常性参加九三学社双流县基层组织的政治理论学习、调查研究、科技下乡、医疗义诊等活动，加强对活动的联系和指导，提供帮助和支持，为九三社员展示才华、发挥作用、参与双流经济建设、推进社会事业发展搭建了平台，创造了有利条件。统战部为民主党派选购相关理论书籍，召开党派负责人联系会，学习统战理论，征求意见建议，有效地推动了民主党派健康发展。

第二章　组织领导

第一节　中共双流县委重视九三学社双流县基层组织发展

中共双流县委支持九三学社双流县基层组织实施"人才强社"战略。支持九三学社双流县基层组织坚持"三为主"原则，注重质量，保持特色，吸收更多的品德优秀、业绩突出、具有较强参政议政和社会活动能力，与中国共产党同心同德的高层次人才加入九三学社。支持九三学社双流县基层组织，注意优化人才队伍结构。县委统战部主动参与九三学社双流县基层组织，发展社员的考察工作，帮助把好政策关和入口关。县委领导十分关心九三学社双流县基层组织的发展工作，主动推荐优秀人才加入九三学社。

1992年，统战部推荐邱平加入九三学社。

1992年，县水电局党组书记推荐张正明加入九三学社。

1997年6月，县委书记金世诚推荐，康弘药业集团公司高级工程师、副总经理龚文贤加入九三学社。

在县委关心和统战部的支持下，九三学社双流县基层组织得到较快发展，社员人数由1993年成立之初的12人，增加到现在的80人，李英杰、潘泽恩、干大木、何新蓉、夏中琼、刘建军、李芳平、白玉琳、邹林杰、彭锦等科技人才和龚文贤、苏东、张明辉等优秀企业家先后加入九三学社，较好地优化了人才队伍结构，使九三学社双流县基层组织充满了生机与活力。

第二节　中共双流县委重视九三学社双流县基层组织人才队伍建设

自九三学社双流县基层组织建立以来，县委高度重视九三学社双流县基层组织人才队伍建设。重视九三社员的学习培训，先后选送10人次到省市社会主义学院学习培训。2013年6月，县委统战部在清华大学举办"领导方略与胜任力"党外干部高级研修班，社县委有12名社员参加学习。重视基层组织建设，2008年，为方便九三社员就近参加活动，完善基层组织结构，九三学社双流县支社提出建立"九三学社双流县委员会"的工作思路，得到了中共双流县委的赞同，县委统战部大力支持，协助完善东升支社、西航港支社、华阳支社的组建，并协助九三学社成都市委推动"九三学社双流县委员会"的成立。2008年11月9日，"九三学社双流县委员会"成立大会在棠湖宾馆召开，县委副书记王波，县委常委、统战部长何敏到会祝贺。重视九三社员参政议政、履行职责，九三社员担任市人大代表、政协委员由1993年的1人次，提高到2013年换届时的4人次；九三社员担任县人大代表、政协委员名额逐届增加，由1993年的6人次，提高到2012年换届时的19人次。这为九三社员建言献策、履行职责创造了条件。同时，卢建刚、张正明、李英杰、胡月明、李芳平、邱平、干大木、钟林等还先后担任"一府两院"特邀监察员和监督员。九三社员实职安排也由1993年的1人次提高到2012年换届时的3人次。20年来，夏仕蓉、蒲光树先后担任县政协副主席、县人大常委会副主任；邱平、李芳平、钟朝晖先后担任林业局、城市园林绿化管理局、卫生局、城市管理局副局长等职务。

第三章　中共双流县委支持九三学社双流县基层组织活动开展及阵地建设

第一节　活动开展

从1992年始，九三学社双流县基层组织每次重要组织活动，都有中共县委统战部领导参加，并指导活动的开展。中共双流县委统战部组织九三学社双流县基层组织考察交流，学习先进经验。

1993年，中共双流县委统战部组织支社到广元考察"九广合作"项目，学习科技帮扶经验，为支社的科技帮扶工作作准备。

1996年，中共双流县委统战部组织支社考察华东地区民主党派工作开展情况。

2013年，统战部组织社县委参加"领导方略与胜任力研修班"学习，培养年轻社干部。

第二节　阵地建设

从1993年开始，九三学社双流县基层组织的活动经费由县委统战部划拨。在中共双流县委和县委统战部的关心和支持下，经费划拨已逐年提高到2013年的8万元。

县委统战部支持民主党派开展工作，每年给予调研课题经费2万元，为九三学社双流县基层组织开展社务工作活动和调查研究提供保障。

为解决民主党派办公和活动场所，2011年，中共县委及统战部将原县粮食局三楼作为民主党派活动场所，拨资金80万元，装修会议室和办公室，配置电话、电脑、打印机、办公室桌、椅、书柜等办公用品，安装了空调。

2013年9月，县委统战部为民主党派活动场所聘请一名工作人员，为各党派开展工作、活动提供服务。

第二篇　组织建设

第一章　机构设置

第一节　历史沿革

1983年至1989年，经九三学社省农科院支社著名专家梁禹九、万安良、廖思璋等人介绍，九三学社成都市委批准，双流县夏仕蓉、王正尧、卢建刚、马万才、廖肇芳等五位同志先后加入九三学社，并在省农科院支社过组织生活。

1991年，夏仕蓉、王正尧、卢建刚、马万才、廖肇芳五位社员转入九三学社成都市城区第四支社过组织生活。

1991年、1992年，张光裕、张正明先后加入九三学社。至此，双流县已有农业、水电、教育、医卫等科技骨干7人加入九三学社。

1992年4月4日，建立九三学社成都市委双流直属小组。1992年3月，双流县已有九三学社社员7名，经向九三学社成都市委和中共双流县委统战部请示后，由双流县九三学社筹备小组向社市委申请成立"九三学社成都市委双流直属小组"。九三学社成都市委于1992年4月4日批准成立"九三学社成都市委双流直属小组"，同意由夏仕蓉担任九三学社成都市委双流直属小组组长。

1993年11月成立九三学社成都市委双流县支社。九三学社成都市委双流直属小组按照《九三学社章程》搞好组织发展和组织建设，开展活动，社员发展到10人，具备成立九三学社双流县支社的条件。1993年11月，经社市委批准，正式成立九三学社双流县支社。支社成立后，根据民主党派组织发展的原则，严格遵循组织发展的指导思想和基本方针，正确处理发展与巩固、数量与质量的关系，有计划地在医卫界、科技界、教育界的高、中级知识分子中发展社员。1993年至2000年11月，夏仕蓉任九三学社双流县支社主委；2000年11月换届，由蒲光树任九三学社双流县支社主委。

2008年4月，成立九三学社双流县东升支社、西航港支社和华阳支社。为建立"九三学社双流县委员会"的需要，经社市委批准，将原九三学社双流县支社根据社员分布地域，拆分为九三学社双流县东升支社、西航港支社和华阳支社。

2008年9月成立九三学社双流县委员会。九三学社双流县支社社员人数逐年增加，并注重发展年轻社员。2008年9月，根据《九三学社章程》第五章第三十六条规定，经社市委批准，成立"九三学社双流县委员会"，由蒲光树任主委。九三学社双流县委员会下设东升支社、华阳支社、西航港支社三个支社。至2013年10月，社县委共有社员80名。九三学社双流县委员会全体社员爱岗敬业，勤奋工作，成绩突出，连年被社市委、社省委评为先进集体，2004年、2005年两次被社中央评为全国先进基层组织。2008年5月社中央常委会在双流县召开。

第二节　组织机构

1992—2008年，九三学社双流县委员会由成立之初的九三学社成都市委员会双流县直属小组，发展成为拥有东升、西航港、华阳三个支社的社县委，其组织机构的发展变化主要经历了直属小组、支社和社县委三个阶段。

一、直属小组

1992年4月，九三学社成都市委员会双流县直属小组成立。

二、支　社

1993年11月，九三学社成都市委员会双流县支社成立；2001年，支社下设教科文卫、农林水电、机关工业三个小组；2008年，根据社员分布地域，分别成立九三学社双流县东升支社、华阳支社、西航港支社。

三、社县委

2008年9月，九三学社双流县委员会成立，下设九三学社双流县委员会东升支社、九三学社双流县委员会西航港支社、九三学社双流县委员会华阳支社。

第三节　班子与队伍建设

一、班子建设

（一）加强九三学社双流县基层组织领导班子建设

1. 班子成员由具有坚定正确的政治信仰和政治把握能力、参政议政能力、组织领导能力、合作共事能力，业务工作能力强、在工作上能独当一面的优秀人才组成。

2. 根据社情发展、工作需要适时调整班子，按照德才兼备的原则，将符合社的干部条件的年轻社员及时选拔进入班子，使班子年轻化。

3. 制定班子成员工作规章制度和班子成员述职制度，明确班子分工，工作上接受社员监督。

（二）制定工作制度

社县委主委会会议制度：

1. 主委会会议原则上每季度召开一次。
2. 主委会成员应准时参加会议，不得无故缺席。
3. 主委会会议研究近期重要工作和重要事项。
4. 主委会会议充分发扬民主，主委会成员应畅所欲言，充分发表意见，提出建议。
5. 主委会成员应带头贯彻主委会会议形成的工作意见，并向所联系的支社和社员做好宣传工作。
6. 因议题需要，可请与议题有关的社员列席会议。

社县委班子成员工作职责：

1. 社县委班子组成人员要团结共事，分工合作，尽职尽责，积极工作，努力贡献力量和才智。
2. 主委负责全面工作，确保社县委工作制度化、规范化，为全体社员负责。
3. 副主委协助主委，抓好各自分管工作，为全体社员负责，为主委负责。
4. 组织委员要广泛联系社会各界，积极发现人才，抓好入社申请人的联系、培养和考察工作，按照社章和社中央的要求，积极稳妥地搞好组织发展工作。并根据社县委年初工作思路，拟定每次组织活动的具体内容、方式等，确保组织活动内容丰富，形式多样，生动活泼。
5. 宣传委员要组织好理论学习，收集资料，编写简报，及时反映社的重要活动和重要工作，扩大影响。要与新闻媒体保持密切联系，争取支持。
6. 科技委员要掌握社员的科研动态，反映社员科研工作中存在的困难，收集社员的科研成果，及时上报。同时做好社费的管理使用，定期公布使用情况。
7. 议政委员要密切联系社员，组织社员搞好调查研究建言献策工作，搞好"议政日"活动，为建言献策骨干队伍提供优质服务。

（三）班子成员考察学习

社县委先后组织班子成员到攀枝花市、郫县、资阳市等地考察、交流，学习办社经验。2011年，组织班子成员到攀枝花市考察、交流社务工作开展情况，学习九三学社攀枝花市委社务管理、组织建设、社会服务、组织生活开展等办社经验。

2013年3月，组织班子成员到郫县，考察、交流社务工作开展情况，学习九三学社郫县支社开展组织发展、社会服务等办社经验。

2013年4月，组织班子成员到资阳市，考察、交流、学习九三学社资阳市委办社经验。

二、组织发展

九三学社双流县基层组织在组织发展工作上做到发展社员有计划，发展程序规范化。把吸纳高素质人才入社放在工作的突出位置。领导班子成员通过了解、调查、考核，重点在各领域的中青年业务骨干中寻求发展对象。注意吸收政治素质高、业务能力强，有代表性、有影响力，年轻而富有朝气的热爱九三学社的同志入社。根据情况每年发展社员人数2～4名。

三、人才队伍建设

20年来，九三学社双流县基层组织始终坚持实施人才强社的发展战略和原则。

（一）建立《社县委与社员工作单位联系制度》

1. 社县委应主动与社员所在的工作单位加强联系。
2. 社县委组成人员应主动参加联系活动。
3. 联系方式为走访、座谈、联谊。
4. 联系内容：了解社员工作、生活等情况，交换意见，为社员工作生活和成长创造有利条件。
5. 联系活动可邀请县委统战部负责人参加。
6. 联系活动后，应及时与社员沟通，做好社员的思想工作。

（二）具体工作方法

1. 定期、不定期走访社员所在单位领导，掌握情况，增进了解，沟通意见，为社员创造良好的工作和生活环境，助推社员健康成长成才。
2. 加强学习培训。推荐中青年社员参加社省委、社市委组织的社会主义学院学习和县委统战部组织的各类培训班学习，不断提高中青年社员的综合素质和能力。
3. 抓住领导干部调整、人大和政协换届的有利时机，推荐社员担任各种职务。在职社员中，有多名社员分别担任人大代表、政协委员，担任政府部门、单位负责人和中层干部等职务。
4. 推荐挂职锻炼。推荐社员钟朝晖到正兴镇挂职副镇长；推荐社员薛英到武侯区晋阳街道挂职副主任。

5. 制定奖励制度，设立参政议政奖、科研成果奖、特殊贡献奖等奖项，鼓励社员在"民主与科学"的旗帜下，立足本职岗位建功立业。

四、加强支社工作指导

（一）加强支社工作指导

社县委自2008年成立后，加强对所属东升、西航港、华阳三个支社的工作指导。一是帮助支社建立健全工作制度，推动支社工作规范化、制度化。二是实行社县委主委、副主委联系支社制度，参加支社各项活动，听取支社社员意见。三是帮助支社解决困难和问题，为支社开展工作创造条件。

（二）制定《支社主委工作职责》

1. 密切联系社员，通知并组织社员参加组织活动和社市委、社县委开展的活动。
2. 收集社员的建议意见，并及时向社县委反映或与支委成员沟通。
3. 组织社员对经济建设、社会事业发展中的重难点问题、热点问题开展调查研究，提出调研报告，撰写人大代表建议和政协委员提案，为县委、县政府决策提供切实可行的意见和建议。
4. 协助社员开展科研工作，并收集社员的科研成果。
5. 积极为社县委开展活动献计出力。
6. 积极宣传九三学社，扩大影响，搞好组织发展和组织建设。
7. 组织社员开展活动。
8. 主动关心社员的工作和生活，向社县委反映社员工作生活中的困难，协助社县委尽力帮助解决。

五、组织关怀

九三学社双流县基层组织自建立以来，工作上鼓励社员成长成才，生活上关心社员疾苦，特别关心老龄社员，为退休社员开展健康有益的活动创造条件，并设立老龄社员年终慰问金。

1. 为社员解决民生难题。社员中有家庭遇到难事，如孩子读书问题，解决工作问题等，基层组织领导班子都帮忙协调；基层组织先后慰问生病住院的夏仕蓉、马万才、魏知常、李芳平、高堡义、何新蓉、夏中琼、赵建国等社员。
2. 支持退休社员开展健康有益的活动。成立九三学社退休小组，提供活动经费，每月开展活动。退休小组活动由原主委、社员夏仕蓉负责召集。
3. 设立老龄社员慰问金。每年年终，给年满70岁的老龄社员发放慰问金，每人400元；给年满80岁的老龄社员发放慰问金，每人600元。

第四节　九三学社省、市代表大会代表和委员

一、九三学社四川省代表大会代表

夏仕蓉，九三学社四川省第四次代表大会代表。

李英杰，九三学社四川省第五次代表大会代表。

蒲光树，九三学社四川省第六次代表大会代表；九三学社四川省第七次代表大会代表。

二、九三学社成都市代表大会代表

夏仕蓉，九三学社成都市第七次代表大会代表；九三学社成都市第八次代表大会代表；九三学社成都市第九次代表大会特邀代表。

蒲光树，九三学社成都市第九次代表大会代表、九三学社成都市第九届委员会委员；九三学社成都市第十次代表大会代表，九三学社成都市第十届委员会委员、常委；九三学社成都市第十一次代表大会代表，九三学社成都市第十一届委员会委员、常委。

邸　平，九三学社成都市第八次代表大会代表、九三学社成都市第八届委员会委员；九三学社成都市第九次代表大会代表；九三学社成都市第十次代表大会代表；九三学社成都市第十一次代表大会代表。

李英杰，九三学社成都市第十次代表大会代表。

李芳平，九三学社成都市第十次代表大会代表；九三学社成都市第十一次代表大会代表。

钟朝晖，九三学社成都市第十一次代表大会代表。

黄志茹，九三学社成都市第十一次代表大会代表。

第二章　组织生活

第一节　组织生活制度

社县委组织生活制度

1. 社员应积极参加组织生活。除特殊情况外，不得迟到和早退。

2. 学习文件、传达会议精神时，精力要集中，不要干无关的事，保持会场的严肃性。

3. 组织生活原则上每月一次，特殊情况下也可以适当增加。组织生活可由社县委统一组织，也可由各支社组织。

4. 根据社县委年度工作计划和全县中心工作确定组织活动的内容，每位社员应以积极的心态参加理论学习和调查研究等活动。

5. 每位社员都应主动关心所在单位、部门以及全县经济建设和社会各项事业的发展，广泛联系群众，积极反映社情民意，并通过社内所属人大代表和政协委员形成建议意见或提案，提交"一府两院"办理，丰富组织活动内容。

6. 社员因公因事不能参加组织活动，应向社县委或支委会请假。

第二节　组织生活活动

一、组织生活活动概述

九三学社双流县基层组织成立以来，原则上每月一次组织生活，注重活动的质量，精心组织，周密安排，尽量让每一位社员都能参加。以活动为载体，团结每一位成员，展示九三学社的精神风貌，体现九三学社在国家政治生活、经济建设、科技进步中的重大价值。

组织生活采取座谈会、专题学习会、调查研究、参观学习、演讲、专题报告会、科技下乡、科技帮扶、医疗义诊、与市内基层组织联谊等方式，把活动开展到机关、到企业、到农村。

（一）组织生活活动做到全年有计划、有制度、有主题

一是每年初把年度组织生活计划安排及时发到社员手中并公布在社员QQ群里，便于社员做好准备，积极参加活动；

二是建立组织生活请假制度、签到制度；

三是每次活动做到主题鲜明集中，社员乐意参加。

（二）组织生活活动"五结合"

一是把组织生活同国家重大政治活动相结合。组织生活同重大政治事件相结合，使社员在活动中提高政治思想素质，坚持正确的政治方向。

二是同社中央、省、市的工作相结合。认真贯彻落实九三学社的政治思想路线和工作方针，大力弘扬民主与科学精神。

三是把组织生活同县党政中心工作相结合。围绕经济发展、社会进步、文明建设、农民增收、招商引资等全县中心工作，组织社员到农村调研产业结构调整，到开发区

参观引进项目，利用人才优势，送科技到乡、镇，到工厂企业，帮助解决生产中遇到的问题。

四是把组织生活同自身建设相结合。组织社员尤其是新社员学习社章社史，学习社中央、社省、市委的文件精神，学习统战工作精神，提高对新时期民主党派性质、地位、作用的认识，明确新时期参政党肩负的重大责任。通过谈心会、演讲会，增强自身责任感，立足本职岗位，建功立业。

五是把组织生活同参政议政、社会服务相结合。九三学社是一个政党，参政议政是九三学社作为参政党的政治特征，是主要工作。因此，设立议政日，多层次、多渠道、多方面开展参政议政工作。社员以主人翁的责任感，关心国家大事，关注社会热点难点问题，密切联系群众，结合所在单位或区域的不同情况，履行参政议政职责。社县委领导班子成员积极收集组织活动中社员的意见，利用参加县委、县政府召开的情况通报会、座谈会等形式，下情上达建言献策。每年两会召开前，组织社员在议政日议政，开展专题讨论，形成切实可行的建议意见，通过人大代表或政协委员在会议期间提出，提请"一府两院"办理。以此反映九三学社双流县基层组织的集体参政议政工作成效。

二、组织生活活动内容

九三学社双流县基层组织按照《九三学社章程》，根据工作需要，按照计划规范性地开展主题鲜明、形式多样的组织生活。

1993—1996年，支社开展不同形式的组织生活。其特点为：（1）联合过组织生活；（2）上级给予指导。支社分别与成都理工学院支社、华西医大支社等多个支社在双流联合过组织生活，交流社务工作经验。九三学社成都市委副主委柳企丰多次来双流指导支社组织建设和组织生活，讲九三学社的组织建设和后备干部的培养问题，通报社市委和基层组织工作情况，传达有关重要会议精神，介绍各个支社社务工作特色和工作经验，与社员一起前往省石油局电子站等地参观调研。在此期间，支社的组织生活得到九三学社成都市委秘书长涂泽伟、组织处处长王民和中共双流县委统战部部长李春文、副部长彭福文等的指导。通过上级组织的指导，支社组织建设走向完善，社务工作走向成熟，组织生活质量提高；联合过组织生活使支社在交流中增进了解，互相学习。支社在上级组织和县委统战部的关怀、指导下不断发展壮大。

1997年，支社组织生活主题之一是"香港回归"。

5月12日，组织社员听取县委宣传部副部长邹应坤关于"香港回归"的报告。

5月17日，组织社员听取社员张守伦作关于"香港回归专题报告"。

6月，组织社员参加县委统战部开展的"庆七一迎香港回归书画展"。

10月，重阳节组织社员开展义诊活动。

10月20日，支社与四川省农科院支社在金湖度假村联合过组织生活，学习中共十五大文件。

1998年3月30日，组织全体社员去成都康弘制药有限公司参观学习，了解民营企业的发展状况。

5月，听取社员张守伦"走向21世纪的中国"的讲座、社员宋建辉的"保险知识讲座"、社员李英杰的"保健知识讲座"。

1999年11月，听取社员张守伦作"澳门回归专题报告"，组织生活活动重点是庆祝澳门回归。

庆祝"香港回归"和"澳门回归"的活动，使社员全面了解祖国领土被列强分割的历史和香港、澳门回归的艰难历程，体会到今天中华民族的振兴，祖国的强大。

1997年至1999年组织活动中，社市委副主委柳企丰多次来双流指导支社工作：传达社中央换届选举情况，结合考察学习革命老区活动作"继承优良传统"报告；多次传达全国、省、市人大、政协会议精神，传达社省委、社市委换届选举工作情况；听取市政协邹副主席关于多党合作的讲座。

2000年5月22日，组织生活活动上，社员蒲光树作题为"关于中国加入WTO"的专题报告。

2001年3月19日，组织社员到文星镇参观四川客车厂等企业和川大路建设工地。

5月25日，组织社员到黄甲镇调研小城镇建设工作，传达县统筹工作会和对外开放工作会精神。

2002年3月22日，组织社员到永安镇调研农业产业结构调整情况。

7月11日，组织社员参观考察成都市岷江自来水厂。

2003年1月16日，组织生活活动上，总结2002年工作，讨论通过2003年工作要点。

4月10日，组织生活活动上，讨论与民革、民盟、民进支部联谊活动等有关事项。

6月20日，支社围绕"农业产业结构调整、招商引资和小城镇建设"等内容组织社员调研，参观黄水镇工业园区建设，参观国栋公司新材生产车间。黄水镇党委领导向社员介绍黄水镇新型建材工业园区规划建设情况。

7月11日，支社与成都理工大学支社在东升镇华夏会议中心举行联谊活动。支社主委蒲光树陪同成都理工大学支社社员参观棠湖公园和东升镇城市建设。座谈会上，成都理工大学支社和双流县支社分别介绍支社工作情况，探讨九三学社基层组织的思想建设、组织建设等工作的开展。县委统战部副部长周忠艳参加联谊活动。

11月8日，支社与七一五厂支社在双流县东升镇华夏会议中心举行联谊活动，七一五厂支社共20多位社员参观双流县中和镇新民农村公寓、永安镇果王果业生产基地及双流城市建设，就九三学社基层组织建设等工作进行深入探讨和交流。

2004年3月23日，支社在北郊苑过组织生活，主委蒲光树传达九三学社中央主席韩启德与四川社员座谈会的讲话精神；通报九三学社成都市委关于支社张守伦同志退社的情况；安排本年的组织发展工作和纪念邓小平诞辰100周年有关活动。

5月15—16日，支社组织社员到邓小平的故乡——四川省广安市进行为期两天的参观学习，纪念邓小平同志一百周年诞辰，表达对邓小平同志的热爱和怀念之情。

支社社员参观广安城市建设，瞻仰邓小平故居，观看邓小平生平图片资料，向邓小平故居纪念馆赠送由社员周嗣铨书写的"高瞻远瞩"书法作品。途经南充市时，参观无产阶级革命家、政治家、军事家罗瑞卿大将的故居。此次组织生活活动，使社员受到深刻的革命传统教育。

6月6日，西南交大支社社员二十余人来双流县调研，主题是"双流县推进'三个集中'取得的成绩及存在的问题"。支社主委蒲光树、副主委李芳平陪同前往双流县文星镇参观农民新居——蜀星花园。他们参观农民宽敞明亮的新居，走访农民，到农民新居座谈。参观结束，支社全体成员与西南交大支社社员在炬星宾馆举行联谊座谈会，两个支社领导班子、社员互相交流工作经验和体会。县委统战部副部长周忠艳到会并讲话。

10月15日，学习贯彻党的十六大四中全会精神，开展"议政日"活动。

11月25日，支社在北郊苑开展组织生活活动，主题是：通报支社被社省委、社市委推荐为九三学社全国先进支社参加全国评选的情况；通报科技扶贫工作开展情况；对人大代表、政协委员参加"两会"撰写建议及提案提出要求；研究支社集体提案有关事项。

2005年3月12日，支社组织20余名社员来到县义务植树基地——合江镇三峨湖村，参加一年一度的植树节义务植树活动。支社社员在两亩多的坡地上栽下300株连香树，并命名为"九三林"；下午，在北郊苑组织社员学习。会上，主委蒲光树传达社市委基层主委会议精神：

1. 2005年信息工作；

2. 后备干部推荐有关事项；

3. 组织社员学习《九三成都市委参政议政工作条例》《关于进一步做好民主党派组织发展座谈会纪要》，讨论组织发展等工作。活动邀请入社积极分子郭翠琼同志参加。

8月19日，支社在炬星宾馆过组织生活，组织社员学习《中共中央关于进一步加强中国共产党领导的多党合作和政治协商制度的意见》（中发〔2005〕5号），并开展讨论。

12月4日，支社与电子科大支社举行联谊活动。上午，电子科大支社与双流县支社参观永安镇白果村新农村建设。下午，在云龙休闲会议中心座谈，两个支社交流工作经验。社市委副主委吴坚强、县委统战部副部长周忠艳参加联谊活动。

2006年7月18日，支社组织社员到县现代商贸集中发展区、航空港五平方公里工业园区、金桥镇昆山村参观调研，并对双流县当前重点工作提出建议意见：一是要进一步提高招商引资质量，招大引强，选大选强。二是要节约利用土地资源，注重实效。三是要高度重视双流原有企业的发展，帮助解决发展中的困难和问题。四是要兼顾社会各阶层各个群体的利益，积极化解各类矛盾，维护社会稳定。五是要优先发展第三产业。发展第三产业投入少，效果好。六是要制定政策，推广好的发展模式，提升双流县农业的生产经营层次。

10月15日，支社与成都信息工程学院支社在双流县楠木林举行联谊座谈会。双方就九三学社基层组织建设工作进行交流，并就高校服务地方经济社会发展的途径和内容进行深入探讨。两个支社决定把农产品物流的调查与研究作为2007年调研合作课题，共同参与，密切合作，深入研究，为政府提出可资借鉴的建议。

社市委副主委戴晓雁到会指导并讲话。成都信息工程学院周院长、赖书记和县委统战部副部长周忠艳应邀到会指导。

12月15日，支社在福达宾馆开展组织生活活动。主委蒲光树传达九三学社成都市第十次代表大会情况；通报双流县人大、政协换届情况；就组织发展、建言献策、人大代表政协委员参加"两会"等工作提出要求。

2007年4月17日，组织生活活动以"深入贯彻'35223'思路，为双流发展两城建设建言献策"为主题，参观站华路、天府大道二期绿化及末端广场、锦江成都港、安公堤路示范街和海韵公园等华阳城市建设的主要工程。听取县人大常委会副主任、华阳城建指挥部常务副指挥长汪永兴及华阳街办党工委书记、华阳城建指挥部办公室主任张泽林介绍华阳城市建设"对接成都、融入成都、服务成都"的建设理念、各项建设工作及今后的长远规划；就华阳城市建设中的府河治理、旅游开发、争取政策支持和宣传教育等提出很多前瞻性、可行性强的建议。主委蒲光树要求支社全体社员，一要广泛宣传华阳城市建设的辉煌业绩，让外界更多地认识双流、了解双流、走进双流。二是积极建言献策，进一步关心并积极参与双流县的"两城"建设。三是发挥联系广泛的特点，密切配合群众，做好协调关系、化解矛盾的工作。

5月30日，支社在福达宾馆过组织生活，学习贯彻九三学社四川省第六次代表大会精神。

6月19日下午，支社在蓄联饭店会议室开展组织生活活动，组织社员观看"王选同志先进事迹报告会"录像，全文学习《九三学社中央关于在全社开展向闵乃本同志学习活动的决定》以及《闵乃本同志优秀事迹》。社员们为"王选关怀基金"捐款，共捐款5010元。

社市委副主委兼秘书长张钟庆和组织处处长王民到会指导。

9月27日下午，支社组织社员参观双流县东升镇白河综合整治情况，并在松鹤林会议室召开座谈会。社员积极建议：要加大污水治理力度，解决白河的水质水源问题，培育双流城市竞争力，形成双流新的竞争优势。

12月27日，支社在福达宾馆召开会议，会上传达九三学社成都市委常委会、全委扩大会精神；学习社市委及社中央工作报告。

2008年3月23日下午，支社在卫生局会议室开展组织生活活动，主题是：政治交接学习教育活动专题学习。社市委主委、市政协副主席戴晓雁应邀为支社社员作题为《传承优良传统，搞好政治交接，开创党派工作新局面》的专题报告。

5月19日下午，支社在炬星宾馆开展组织生活活动，为"5·12"汶川特大地震灾区捐款。

6月27日，组织生活活动主题："5·12"汶川地震灾后重建座谈会。会上通报双流县灾后经济发展现状，学习县委、县政府关于灾后重建的有关政策，社员围绕地震灾后双流县经济建设和社会发展积极建言献策。

8月28日，组织生活活动上，学习传达社市委基层干部培训会主要精神。

9月26日，社县委（2008年9月23日经社市委批准成立九三学社双流县委员会，简称"社县委"）在炬星宾馆开展组织生活活动，邀请中共双流县委党校教师秦康明作"美国次贷危机与中国经济发展"专题讲座。

12月28日，社县委和成都信息工程学院支社联合开展组织生活活动，双方社员参观双流县规划展览馆，听取双流县县域规划介绍。参观结束后，在棠湖宾馆举行座谈会，就院县合作开展"三农"信息服务体系建设进行座谈。县委常委、统战部部长何敏，成都信息工程学院党委书记赖廷谦，九三学社成都市委副秘书长张平、组织处处长王民等参加联谊活动。

2009年3月20日，社县委组织东升、华阳、西航港三个支社组织社员到永兴镇参观枇杷沟A级景区建设，并在篁筱新村开展医疗义诊活动。

4月9日下午，社县委组织生活活动中，学习实践科学发展观，并组织社员讨论。社县委所属的东升支社、华阳支社、西航港支社社员参加学习会。

5月13日，社县委在双流县彭镇羊坪村开展以"发掘槐轩文化，推动产业互动"为主题的组织活动。活动中请刘沅后人、槐轩文化传承人刘伯谷老先生为社员介绍国学——槐轩文化，并结合彭镇乡村旅游发展提出建议，此活动影响深远。

11月14日，社县委与成都建材设计研究院支社在松鹤林举行组织联谊活动。活动中，双方交流基层组织工作经验，就搞好基层组织各项工作进行探讨。建材院支社社员参观东升街道新城建设和白河综合整治工程。

12月24日，社县委在炬星宾馆开展组织生活活动，传达社市委全会精神。

12月，东升支社组织社员到彭镇羊坪村调研，参观新农村建设、都市观光农业建设；华阳支社组织社员到川开集团调研，参观优秀民营企业的发展。

2010年1月17日，社县委在畅春园召开组织生活会，学习县委书记高志坚在中共双流县委工作会上的讲话；总结九三学社双流县委2009年工作；社市委主委、市政协副主席戴晓雁，县委常委、统战部部长何浩等领导到会指导并讲话。

6月30日，社县委在蓄联饭店开展组织生活活动，学习中共成都市委世界现代田园城市建设的有关文件，并就双流县建设空港现代田园大城市展开讨论。

9月27日，社县委在福达宾馆开展组织生活活动，通报九三学社成都市委上半年工作情况，通报双流县上半年经济社会发展情况。

10月26日，社县委组织社员到新兴镇参观，社员们到庙山村和蓝顶青艺村参观城乡环境综合整治和农耕文化产业园建设。在座谈会上社员建议：

一是建议县委、县政府把新兴镇作为"天府新区"的重要产业区域进行规划，在政策制定、资源配置、产业发展等方面给予更多支持。

二是建议县委、县政府加快新兴镇与华阳等周边地区的主干道路等基础设施建设，为新兴镇融入成都连接华阳创造条件。

三是建议县委、县政府加速推进蓝顶青艺村等项目建设，大力发展都市观光农业和物流产业，为新兴镇发展奠定产业基础。

2011年3月13日，社县委组织社员参观调研科学规划"随坡就势不挖山、顺其自然不填塘、依树造景不毁林"的三星镇南新村村民新居、宜和草莓园。

4月23日，社县委与九三学社四川大学委员会华西支社举行联谊活动。华西支社社员参观东升街道新城中心公园和城市建设。华西支社与社县委交流社务工作经验，观看社县委加强组织建设、思想建设、开展科技帮扶、调查研究、建言献策、人才强社等工作纪录片；新老社员回顾川大华西支社和九三学社双流县基层组织长期以来结下的深厚友谊。

12月31日，社县委在炬星宾馆召开工作总结会，总结2011年社县委工作，表彰参政议政、社会服务等先进社员。学习传达九三学社成都市第十一次代表大会精神和中共双流县第十二次代表大会精神。

2012年3月22日，社县委组织社员到太平镇调研参观。社员参观二郎村、前进村、小堰村的现代农业发展、村级政权组织建设、城乡统筹建设天府新区后花园等内容；在蓝山怡景召开座谈会。社市委主委、市政协副主席戴晓雁应邀参加调研活动。

7月15日，社县委在卫生局会议室举行"以九三为荣，为九三增光"演讲会。社员王功玉、何新蓉、徐康、刘力、白茹雪、孙皓、李祥、李亚平和入社积极分子田宁、赵建国参加演讲。

8月2日，应对口联系单位县审计局邀请，社县委组织社员参加县审计局"作风教育主题实践活动"征求意见座谈会，与会社员对县审计局作风教育实践活动和审计工作提出建议、意见。

12月25日，社县委与社市委机关支社在新皇城举行联谊座谈会。学习九三学社第十次全国代表大会精神；两个基层组织分别发言，介绍工作体会，交流社务工作经验。

2013年3月19日，东升支社在彭镇景福庭过组织生活。社市委副主委张平应邀对东升支社社员作"如何做好参政议政工作"的专题培训。

3月24日，西航港支社在新津花舞人间过组织生活，传达社市委基层工作会议主要精神。

6月22日，东升支社、西航港支社、华阳支社在县卫生局会议室联合过组织生活。采用无记名投票方式，推选增补社县委领导班子人选；结合精神家园建设，主委蒲光树提出以下建议：成立社县委思想建设中心，成立社县委合唱团，撰写一首《九三双流之歌》。

6月22日，组织生活会议中，民主推荐王功玉、赵建国、李祥、彭锦等四名社员为社县委领导班子组成人员人选。

8月1日，西航港支社调研航空港城市管理工作。西航港支社部分社员，社员中的部分市县人大代表、政协委员，社县委主委蒲光树等参加调研活动。

9月27日，社县委在棠湖宾馆开展组织活动。组织生活会上学习了《九三学社中央关于进一步加强组织建设的若干意见》，并对社员们如何做好组织发展工作展开培训；成都托克密封件有限责任公司总经理、社员苏东以国学经典和经商哲学为内容，给全体社员作《德道经法的智慧分享》讲座。

第三节 书画院活动

2009年9月21日，九三学社双流县委员会书画院成立。社市委主委、市政协副主席戴晓雁出席大会。社县委主委蒲光树任书画院院长、李风杉任常务副院长兼秘书长、高堡义任副秘书长。中央美术学院教授陈开民、中国水墨艺术研究院院长杨宪金、副院长王超等中央、省、市书画艺术家到会祝贺。

展示书画院书画艺术家们的艺术成就。2010年2月，社县委在棠湖公园瞿上堂举行虎年新春书画展，李风杉、高堡义、邓由怀、且一可、赵德铭等书画艺术家的50多幅作品参加了展览，双流电视台、新闻中心对此进行了宣传报道。2009—2013年来，九三学社书画院艺术家参加了县委统战部等组织的各种书画笔会和采风活动，为双流县文化事业发展做出了积极贡献。

第三章　基层组织变动

第一节　基层组织班子变动

从1992年双流县成立九三学社成都市委双流直属小组以来，基层组织班子经历如下变动：

1992年4月　九三学社成都市委双流直属小组

组　长　　夏仕蓉
副组长　　卢建刚　廖肇芳

1993年11月　九三学社成都市委双流县支社第一届班子成员

主　委　　夏仕蓉
副主委　　卢建刚
委　员　　廖肇芳

1997年1月　九三学社成都市委双流县支社第二届班子成员

主　委　　夏仕蓉
副主委　　邸　平
委　员　　卢建刚　廖肇芳　李英杰

2000年11月　九三学社成都市委双流县支社第三届班子成员

主　委　　蒲光树
副主委　　邸　平　李芳平（2002年4月增补）
委　员　　李英杰　张正明　侯利蓉

2005年12月　九三学社成都市委双流县支社第四届班子成员

主　委　　蒲光树
副主委　　邸　平　李芳平
委　员　　李英杰　胡月明　干大木　侯利蓉

2008 年 4 月，建立九三学社双流县东升支社、西航港支社、华阳支社

东升支社

主　委　　蒲光树

副主委　　李英杰

委　员　　胡月明

西航港支社

主　委　　李芳平

副主委　　干大木

委　员　　侯利蓉

华阳支社

主　委　　邸　平

副主委　　钟朝晖

委　员　　白玉琳

2008 年 9 月　九三学社双流县委员会第一届领导班子成员

主　委　　蒲光树

副主委　　邸　平　　李芳平　　李英杰

委　员　　干大木　　胡月明　　钟朝晖　　侯利蓉

2009 年至今，经社市委批准，本届班子组成人员进行了三次大的调整，其调整情况如下：

2009 年 3 月

主　委　　蒲光树

副主委　　邸　平　　李芳平　　李英杰　　胡月明

委　员　　干大木　　钟朝晖　　钟　林　　侯利蓉

2011 年 7 月

主　委　　蒲光树

副主委　　邸　平　　李芳平　　钟朝晖　　黄志茹

委　员　　干大木　　钟　林　　侯利蓉

2013 年 7 月

主　委　　蒲光树

副主委　　李芳平　　钟朝晖　　黄志茹　　王功玉　　钟　林

委　员　　干大木　　侯利蓉　　李　祥　　赵建国　　彭　锦

第二节　社员变动

一、社员入社情况

1992年，社员共7人：夏仕蓉、王正尧、卢建刚、马万才、廖肇芳、张光裕、张正明。

1993年，魏知常、邱平等加入九三学社，周嗣铨组织关系转入双流。其时，社员人数发展到10人，平均年龄51.6岁（最长者60岁，年轻者35岁）。社员中具有高级职称的6人，占社员总数的60%。

1994年，张守伦、陈明复加入九三学社。

1995年，黄文栋、李英杰加入九三学社。

1996年，潘泽恩加入九三学社。

1997年，蒲光树、龚文贤加入九三学社；4月支社换届时，社员人数发展到17人，社员平均年龄降至50.9岁（最长者64岁，年轻者29岁）。具高级职称的10人，占社员总数的59%。期间，支社发展了民营企业成都康弘制药有限公司的副总经理、副总工程师、高级工程师、科技管理型人才龚文贤。发展民营企业家入社，是支社在组织发展观念和发展领域的一大突破。

1998年，侯利蓉加入九三学社。

1999年，毛泽鹃加入九三学社。

2000年，干大木加入九三学社。

2001年，李芳平、李刚伟、赵晓加入九三学社。

2002年，胡月明、山琳霞、程琢玉加入九三学社。

2003年，白玉琳、韩尚惠、夏中琼加入九三学社。社员人数达31人，平均年龄51.3岁，高级职称14人，占社员总数45.1%。社员涉及的学科领域扩大，主要有农业、林业、水电、医卫、电子、教育、医药制造、机器制造等。

2004年，周旭英、易世福加入九三学社。

2005年，郭翠琼、钟林、郭彦、何新蓉加入九三学社。

2006年，钟朝晖、赵晋蓉加入九三学社

2007年，张平、苏翠萍加入九三学社。

2008年，阳俊伟、彭军、刘建军、徐康加入九三学社。

2009年，蒲飞、张明辉、白茹雪、黄志茹、张静、孙涛、邓由怀、高堡义、且一可、赵德铭加入九三学社。

2010年，姚刚、王功玉、孙皓、李亭艺加入九三学社。

2011年，刘力、苏东、谭国庆、徐婷、李祥、江汶、李亚平加入九三学社。

2012年，赵建国、蔡春晴、邹林杰、刘建、彭锦加入九三学社。

2013年，毛佳、孙晓轩、田宁、申学惠加入九三学社。社员人数达80人，高级职称37人（其中正高2人），占社员总数46%，中级职称36人，占社员总数45%。

二、社员组织关系变动情况

1993年12月，周嗣铨组织关系由成都铁路通信设备工厂支社转入支社。

1995年9月，九三学社四川省石油管理局电子站小组程迪泉等五位社员暂转入支社过组织生活。

1996年6月，张星元组织关系由九三学社成都市委城区一支社转入支社。

1996年10月，周玉琢组织关系由西昌铁路局支社转入支社。

1997年9月，宋建辉组织关系由泸州市卫校支社转入支社。

1998年6月，王洪旭组织关系由泸州社市委转入支社。

1999年2月，苏学操组织关系由九三学社成都市委城区四支社转入支社。

2003年12月25日，九三学社成都市委（2003）第34号文件同意支社社员张守伦因中共双流县委组织部的工作需要退社。

2011年8月20日，薛英组织关系由九三学社成都市委城区四支社转入社县委。

2013年10月，杨显云组织关系由九三学社成都市委机关支社转入社县委。

第三节　支社分组情况

2001年12月，支社分教科文卫组、农林水电组和机关工业组

1. 教科文卫组

组长：李英杰

社员：潘泽恩　张光裕　廖肇芳　李芳平　山琳霞

2. 农林水电组

组长：侯利蓉

社员：夏仕蓉　黄文栋　魏知常　干大木　赵晓　陈明复
　　　张正明　马万才　卢建刚

3. 机关工业组

组长：邸平

社员：蒲光树　张守伦　龚文贤　周玉琢　周嗣铨　王洪旭
　　　宋建辉　李刚伟

第四节　社县委各支社班子变动情况

东升支社：

2008年4月　第一届班子成员

主　委：蒲光树

副主委：李英杰

委　员：胡月明

2012年12月　第二届班子成员

主　委：钟　林

副主委：李亚平　徐　康　刘　力

委　员：王功玉　张　静　何新蓉

西航港支社：

2008年4月　第一届班子成员

主　委：李芳平

副主委：干大木

委　员：侯利蓉

2012年12月　第二届班子成员

主　委：李　祥

副主委：李亭艺

委　员：江　汶

华阳支社：

2008年4月　第一届班子成员

主　委：邱平

副主委：钟朝晖

委　员：白玉琳

2012年12月　第二届班子成员

主　委：钟朝晖

副主委：薛　英

委　员：白茹雪

第五节　社县委各支社社员名单

社县委所属东升支社、西航港支社、华阳支社社员名单：

一、东升支社

蒲光树　黄志茹　李英杰　陈明复　程琢玉　郭翠琼　韩尚惠　何新蓉　胡月明
黄文栋　廖肇芳　刘建军　卢建刚　马万才　潘泽恩　山琳霞　苏翠萍　魏知常
夏仕蓉　王洪旭　夏中琼　徐　康　易世福　张光裕　张　平　张启良　张正明
赵晋蓉　赵　晓　钟　林　周旭英　孙　涛　蒲　飞　张　静　王功玉　张星元
孙　皓　刘　力　周嗣铨　周玉琢　彭　军　李亚平　蔡春晴　张明辉　谭国庆
徐　婷　杨显云

二、西航港支社

李芳平　干大木　龚文贤　毛泽娟　宋建辉　苏学操　李刚伟　李亭艺　苏　东
江　汶　郭　彦　彭　锦　邹林杰　李　祥　孙晓轩　田　宁

三、华阳支社

邸　平　钟朝晖　侯利蓉　李风杉　高堡义　且一可　邓由怀　赵德铭　白玉琳
阳俊伟　姚　刚　白茹雪　赵建国　刘　建　薛　英　毛　佳　申学惠

第三篇 思想建设

第一章 政治理论学习

第一节 主要做法

思想建设是民主党派自身建设的核心。九三学社双流县基层组织思想建设的主要做法：一是认真学习政治理论，二是强化社史教育，三是强化优良传统教育，四是强化榜样的引领作用，五是强化年轻社员的理想、信仰教育。长期以来不断加强政治理论学习，坚持在思想上、政治上与中国共产党保持高度一致，进一步坚定走中国特色社会主义道路的信念。通过政治理论学习，进一步提高社员的政治素质，调动和激发社员的积极性、主动性和创造性；进一步增强九三学社的凝聚力，营造良好的思想政治环境，为履行好参政议政职能提供强有力的理论保障。

九三学社双流县基层组织利用组织生活活动，以讲座、辅导、报告会、座谈会、讨论会、参观学习等形式，认真学习中国共产党有关政策和中国共产党领导的多党合作、统一战线理论；学习马克思列宁主义、毛泽东思想、邓小平理论、"三个代表"重要思想和"科学发展观"，学习习近平总书记关于"中国梦"的重要论述。

学习并继承、发扬九三学社爱国、民主、科学的优良传统，大力弘扬民主与科学精神。

第二节 学习内容

1994年6月，组织社员学习邓小平同志南方谈话。

1996年，组织社员学习有关"两个文明"文件精神，并组织讨论。

1997年，组织社员深入学习邓小平理论，学习有关的时事政策，学习有关精神文明建设方面的理论方针。

1998年，支社与四川省农科院支社联合过组织生活活动，共同学习中共十五大精神，交流学习体会。

2000年1月，组织社员学习《人民日报》元旦社论，讨论重要章节的内容。

2001年8月14日，组织社员到公兴镇，与公兴镇党委成员一起学习江泽民同志在庆祝中国共产党成立80周年大会上的讲话。

2002年，组织社员学习全国、省、市、县统战工作会议精神；学习江泽民总书记"5·1""7·1"重要讲话和党的十六大工作报告，收看中共中央政治局常委与中外记者见面的现场直播。社员围绕全面建设小康社会以及县委提出的"奋战五年，争创西部第一强县"的奋斗目标展开讨论；结合庆祝中国共产党建党80周年，与民革、民盟、民进支部共同召开大型座谈会；学习中共中央《关于坚持和完善共产党领导的多党合作和政治协商制度的意见》。

2003年，学习中共十六届三中全会精神。9月3日，学习"三个代表"重要思想。

2004年，学习《人民日报》关于修改《宪法》的有关文章；学习胡锦涛总书记在走访九三学社中央机关时的讲话精神；学习社中央主席韩启德莅临四川省视察时，与四川部分社员座谈讲话精神。

10月15日，支社组织社员在双流杏花村乡村酒店学习贯彻中共十六届四中全会精神。

2005年，支社组织学习《中共中央关于进一步加强中国共产党领导的多党合作和政治协商制度建设的意见》（中发〔2005〕5号文件），学习中共十六届五中全会精神和党中央关于制定"十一五"规划的建议，学习《反分裂国家法》，学习《九三学社成都市委参政议政工作条例》和《关于进一步做好民主党派组织发展座谈会纪要》等文件。

4月22日，支社组织社员到锦江区三圣乡参观红砂村和幸福梅林农民新村。同时学习《反分裂国家法》和《中共中央关于进一步加强中国共产党领导的多党合作和政治协商制度建设的意见》等文件。

2006年，学习中共十六届六中全会精神，学习贯彻中共双流县委关于贯彻中央5号文件精神的实施意见。

6月22日，组织社员积极开展"八荣八耻"社会主义荣辱观教育活动，深入学习《人民日报》评论员文章《一项重大而紧迫的战略任务》和《中国青年报》评论员文章《凝聚多元时代的道德共识》等树立社会主义荣辱观的重要论述，社员畅谈各自的学习体会。社市委主委、市政协副主席高庆对支社的学习教育活动给予高度评价，认为："这种思想政治教育活动，对树立民主党派良好形象，推动社会主义道德文明建设起到了积极作用。"

2007年3月20日，支社组织社员在福达宾馆学习全国人代会、政协会精神；传达九三学社四川省委和成都市委关于学习贯彻全国人代会、政协会精神的重要文件；组织全体社员深入学习温家宝总理所作的政府工作报告。全体社员围绕温总理的政府工作报告畅谈感受，认为全国"两会"在法治建设上有新的突破，人本思想有新体现，社会和谐发展和科学发展有新举措。"两会"精神令人振奋，催人奋进。

8月9日，支社在福达宾馆召开"政治交接学习教育活动"（以下简称学教活动）动员会，安排部署学教活动，并对学教活动提出要求：

一要深刻认识开展学教活动的重要意义，积极参加学教活动。通过学教活动，进一步坚定走中国特色社会主义政治发展道路的信念，推动多党合作可持续发展。

二要扎实搞好各阶段的学教工作。要按照九三中央、省、市委的要求，搞好宣传动员阶段、学习教育阶段、查找问题阶段、总结提高阶段的各项工作。全体社员要按照各阶段的要求，有针对性、有计划地自觉学习有关文件和材料，做好笔记，写好心得体会。人大代表、政协委员及在人大、政府部门任职的社员要自查履职情况，加强整改，通过学教活动自觉地把九三学社老一代领导人坚定的政治信念和优良传统继承好、发扬好。

三是支社班子成员要制定好学习计划，明确各阶段学教任务，带头搞好学教活动；要结合各自的社内职责和分工，认真查找思想上、工作上的不足之处，虚心听取批评意见，努力加以整改；要通过学教活动，进一步增强责任感和使命感，努力搞好社务工作，推动九三学社双流县基层组织健康发展。

同时，组织全体社员深入学习胡锦涛在中央党校省部级干部进修班上的讲话，传达社省委社务工作会和社市委基层干部培训会精神。

10月，组织社员学习中共十七大精神，听取学习十七大精神的辅导报告。

2008年，组织社员学习十一届全国人大一次会议和全国政协十一届一次会议精神；听取县委党校高级讲师秦康明《美国次贷危机与中国经济发展》专题讲座；听取社中央副主席贺铿《国际与国内经济形势和新农村建设》专题讲座；参加县委统战部举办的"纪念改革开放30周年暨经济形势报告会"；学习《汶川地震对双流县经济社会发展的影响及相关对策建议》等相关资料。

10月30日，社县委在炬星宾馆组织社员学习《中共中央关于推进农村改革发展若干重大问题的决定》，东升支社、西航港支社、华阳支社社员参加学习会。

2009年，社县委召开"科学发展观"学习座谈会，加深对科学发展观内涵的理解，引导社员在工作中自觉践行科学发展观；学习胡锦涛《在庆祝中国人民政治协商会议成立六十周年大会上的讲话》等有关政治协商和统战工作的重要文献。组织社员参加社市委和县委统战部举办的庆祝人民政协成立60周年、中华人民共和国成立60周年等各种活动，把学习活动与纪念活动相结合。

2010年，社县委组织学习中共成都市委建设世界现代田园城市有关文件精神；学习中共双流县委、县政府的重大工作思路和决策部署。

2011年，在社县委组织的庆祝中国共产党成立九十周年座谈会上，组织社员学习胡锦涛在庆祝中国共产党九十周年大会上的讲话；学习胡锦涛总书记在纪念辛亥革命100周年大会上的讲话；学习九三学社成都市第十一次代表大会精神；学习中共双流县委、县政府有关重要文件和重大工作部署。

2012年11月18日，社县委组织社员深入学习中共十八大精神，县委党校秦康明老师对十八大报告的主要精神作具体解读，社员围绕十八大精神畅谈学习体会。社市委主委、市政协副主席戴晓雁，县委常委、统战部部长甘立军等参加会议。随后又多次学习社中央第十次全国代表大会精神；学习中共成都市委第十二次代表大会精神和中共双流县委、县政府的工作报告。

2013年，3月19日，东升支社在彭镇景福庭过组织生活，学习中共十八大精神和全国"两会"精神。

5月26日社市委和社县委在棠湖宾馆举行"九三学社成都市委员会、九三学社双流县委员会精神家园建设理论研讨会"。从思想建设、精神层面探讨九三学社精神家园构建。研讨会上社员进行论文交流发言。

6月22日，社县委东升支社、西航港支社、华阳支社联合举行"中国梦主题教育活动学习座谈会"。座谈会上，学习习近平总书记在参观国家博物馆"复兴之路"时的讲话和在第十二届全国人大一次会议闭幕会上的讲话，深入领会实现中华民族伟大复兴"中国梦"的精神；传达社中央副主席丛斌与参加清华大学"领导方略与胜任力研修班"的九三学社双流县委部分社员座谈时有关"实现中国梦"的讲话精神；社员围绕"实现伟大中国梦"展开讨论。县委统战部常务副部长潘万香、社县委主委蒲光树分别就实现"中国梦"作讲话。

第二章　九三学社章程学习和社史教育

九三学社双流县基层组织在组织生活活动中，多次组织社员认真学习《九三学社章程》，并开展形式多样的社史教育活动，强化对本社参政党性质、地位和历史使命的认识。

1993年支社成立至2013年期间，组织社员学习社章从不间断。新社员入社，首先组织学习社章，了解九三学社历史，明确九三学社社员的义务和权利，树立九三人的责任感和使命感。

2003年9月3日，支社社员在双九苑庆祝九三学社成立五十八周年，对社员进行社史教育。

2005年9月3日，支社在炬星宾馆召开大会，隆重庆祝九三学社成立六十周年。中共双流县委书记、县人大常委会主任谢瑞武在庆祝会上盛赞九三学社双流县支社班子团结务实，社员爱岗敬业，为县域经济建设和社会事业发展作出了积极贡献。蒲光树主委在庆祝会上发言，要求全县社员继承和发扬九三学社的优良传统，大力弘扬民主与科学精神，要围绕县委"35223"工作思路，努力学习，加强自身建设，深入调研，做到知实情、讲真话，进诤言，提对策，开拓进取，为现代化建设事业奉献力量。

2006年3月30日至4月1日，支社组织社员到重庆瞻仰九三学社成立地旧址，在九三学社成立纪念碑前摄影留念，缅怀九三学社前辈为"民主与科学"奋斗的精神和九三学社光荣历史。参观渣滓洞监狱和白公馆监狱。

2007年8月9日，在福达宾馆召开"政治交接学习教育"活动动员会，安排部署"学教活动"。社员在"学习教育""查找问题""总结提高"三个阶段中，有针对性、有计划地学习有关文件和资料，做好笔记，写好心得体会。社员中的人大代表、政协委员以及在人大、政府部门任职的，自查履职情况，并进行整改；支社班子成员带头搞好学教活动，制订学习计划，查找思想、工作中的不足之处，听取批评意见，并进行整改。通过动员准备、学习教育、查找问题、总结提高四个阶段的思想学习教育活动，进一步增强责任感和使命感，加深对九三学社老一辈长期与中国共产党团结合作形成的政治信念、优良传统和高尚风范的认识，提高了接受中国共产党领导的自觉性和坚定性。

2008年，组织社员学习《中共中央关于进一步加强中国共产党领导的多党合作和政治协商制度建设的意见》、胡锦涛《在第二十次全国统战工作会议上的讲话》，学习《中国政党制度白皮书》、民主党派的历史及多党合作制度的形成等内容。

2009年6月30日上午，社县委在炬星宾馆过组织生活，组织东升支社、华阳支社、西航港支社社员学习《九三学社章程》、民主党派的历史及多党合作制度的形成历史。

2010年，组织社员深入学习《九三学社章程》，听取社市委主委戴晓雁的《苟利国家生死以——九三学社社史讲座》，听取副主委李柏林所作的《加强参政党思想建设》讲座；学习《六个为什么——对几个重大问题的回答》等重要政治资料；深入学习贯彻社中央副主席邵鸿、社省委主委黄润秋在社市委基层组织建设双流现场会上的重要讲话；组织社员到西南交通大学参加社市委主办的"主委、副主委巡讲月"活动。

2011年4月23日，在组织生活活动上，社市委主委、市政协副主席戴晓雁介绍九三学社成都市委本年将开展"德赛论坛"活动内容及"挂职干部走访活动"，"年轻社员骨干巡回恳谈月""人才强社百人计划"等活动内容及活动安排，支社随即安排社员参加各项活动。

2012年，为加强年轻社员思想建设，由副主委邱平、李芳平、钟朝晖等辅导年轻社员学习《九三学社章程》《九三学社社史》，学习王选、启功、吴阶平等九三学社精英人物先进事迹。由社县委老社员夏仕蓉为年轻社员讲述九三学社双流基层组织建立的历史和优良传统。

7月15日，社县委举办"以九三为荣，为九三增光"主题演讲会，年轻社员和入社积极分子参加演讲。期间，社县委首创年轻社员学习会和谈心会活动，于12月上旬，举办年轻社员谈心会，谈加入九三学社后的成长，谈加入九三学社后的进步，谈九三学社"爱国、民主、科学"的优良传统，引导年轻社员对组织的认同与忠诚，增强社员的政党意识和政治责任感，形成与时代相适应的政治立场、思想观念、价值追求、精神气度和精神风貌。

第三章　九三学社先进代表人物事迹学习

第一节　简　述

九三学社先后拥有150多位中国科学院院士（学部委员）与中国工程院院士，许多人为中国科技事业做出卓越的贡献。如获"两弹一星功勋奖章"的九三学社社员王淦昌、邓稼先、赵九章、陈芳允、程开甲等科学家，他们当年为国家繁荣富强所付出的心血和无私奉献的精神激励着一辈又一辈"九三人"；荣获国家最高科学技术奖的王选、黄昆，获得国家自然科学奖一等奖的闵乃本等人，他们科学研究中的创新性科技成果，蕴含着科学精神与高尚人格；社员杨佳，以坚韧意志勇攀专业研究高峰，以满腔热忱投身服务残疾人事业，以深厚爱国情怀奉献祖国。通过学习王选、闵乃本、杨佳等"九三人"的崇高精神和优秀品质，了解他们为国家所作的巨大贡献，增强了作为参政党成员履行职责的时代感、责任感和使命感，把他们热爱九三、忠于组织、追求卓越的优秀品质转化为社员立足本职工作的双流九三时代精神——坚定正确的价值取向，与时俱进的民主精神，实事求是的科学态度，持之以恒的进步状态。通过学习九三优秀人物的感人事迹，激励社员在本职工作中为国家为社会更努力地奉献。

第二节　学习内容

2006年，支社组织社员学习社中央韩启德主席《像王选同志那样做人做事》的重要讲话，并学习王选同志的先进事迹。王选是享誉海内外的著名科学家，中国计算机汉字激光照排技术创始人，杰出的社会活动家，中国人民政治协商会议第十届全国委员会副主席，九三学社中央副主席，北京大学教授。2006年2月因病逝世。王选一生执着追随当代世界科学技术发展的脚步，献身科学、追求真理、勇于创新、甘于奉献。他创造的计算机汉字激光照排技术，开创了汉字印刷的崭新时代。韩启德主席在《像王选同志那样做人做事》中赞誉他"半生苦累，一生心安"。社员通过学习，了解到王选有对科学的热爱和激情，有良好的人文素质，有处处考虑别人、考虑社会的优良品质，并以此激励自己，处处以王选为榜样，始终追求民主与科学。2007年，支社又组织社员观看《王选同志先进事迹报告会》录像，并为"王选关怀基金"捐款5010元。

2007年5月，九三学社中央发出《关于在全社开展向闵乃本同志学习活动的决定》，支社组织全体社员全文学习该决定和《闵乃本同志优秀事迹》。2007年2月27日在国家科学技术奖励大会上，闵乃本和他领导的课题组凭借"介电体超晶格材料的设计、制备、性能和应用"荣获国家自然科学奖一等奖，实现了这一奖项连续两年空缺的突破。这是我国科技自主创新的一项重大突破。这个中国基础科学研究的最高荣誉，代表着一个阶段基础研究和原始创新的中国水平。

闵乃本同志现任九三学社第十一届中央委员会顾问、九三学社江苏省第五届委员会主任委员、第十届全国政协常委、第九届江苏省政协副主席。闵乃本是中国科技工作者和九三学社社员的杰出代表。

2012年10月12日，社县委组织社员学习中共中央统战部《关于开展向杨佳同志学习的决定》。杨佳同志是九三学社优秀社员，中科院研究生院教授，联合国残疾人权利委员会副主席，十一届全国政协委员。她29岁双目失明，作为国家第一位在高等学府任职的盲人教授，为了达到完美的教学效果，她克服了常人难以想象的困难，以坚韧意志勇攀专业研究高峰，以满腔热忱投身服务残疾人事业，以深厚爱国情怀致力扩大中国国际影响力。通过深入开展向九三学社优秀社员杨佳学习的活动，鼓励社员以杨佳为榜样，爱岗敬业，顽强拼搏，无私奉献，成为时代的精英和楷模。

第四章　九三学社精神家园建设

第一节　精神家园建设的提出

1993年11月，九三学社双流县支社成立时，双流县还不太富裕。在活动经费极其困难、条件极其艰苦的情况下，大家坚持开展组织生活活动。社员之间骑自行车或步行相互通知参加活动；没有经费，大家轮流在家里办"转转会"过组织生活；社员遇到困难，大家相互帮助。凭着对九三学社的热爱，对民主科学的坚定信仰，社员们紧紧地团结在一起，守望相助，负重前行。斗转星移，经久沉淀，逐步形成了忠于组织、团结友爱、艰苦奋斗、无私奉献的优良传统，彰显九三人特有的精神追求和精神气质，九三学社双流县基层组织成了一个温馨的集体，成了社员们的精神寄托和灵魂栖息地。这种优良传统和精神特质在双流九三得到不断传承和发扬光大。

2010年3月，九三学社成都市委基层组织建设工作会在双流召开，社县委主委蒲光树在会上作题为《秉承民主科学宗旨，共建九三学社精神家园》的工作汇报，在汇报中首创提出了建设九三精神家园。社中央邵鸿副主席充分肯定，把双流九三长期以来形成的社务工作方法概括为"双流经验"，要求总结推广。

第二节 精神家园建设的探索与实践

一、精神家园建设工作思路

九三学社成都市委基层组织建设工作双流现场会之后，社县委认真系统地总结社务工作的成功做法和工作经验，经过近三年的探索和实践，形成了九三学社双流县委员会建设九三学社精神家园的工作思路：一载体一主线四重点三平台，即以组织生活活动为载体，建立精神家园的情感联系纽带；以思想建设为主线，强化精神家园的理想信仰和价值追求；突出班子建设、制度建设、人才队伍建设和人文关怀四大重点工作，构筑精神家园建设的保障机制；搭建任职、履职、服务社会三大平台，展示九三学社昂扬向上的时代精神。

二、精神家园建设的主要做法

一是实施组织生活活动质量提升工程。坚持搞好每年10次组织生活活动。力避组织活动的随意性、闲散性、自由性。每次活动有集中鲜明的主题，让社员觉得参加组织活动有兴趣、有意义、有收获，珍惜每次组织活动，进而提高组织活动的参与率和互动性。组织活动之后有总结，有记载，形成简报，分送领导及相关部门。通过组织活动，夯实组织基础，形成社员之间的感情互联互通，让九三组织成为社员的精神乐园。

二是强化共同的理想信仰和价值追求。把呆板的学习说教变为丰富有趣的活动。组织社员到重庆瞻仰九三学社成立旧址，到邓小平故里参观考察，观看王选先进事迹录像，举办年轻社员专题学习会和"以九三为荣，为九三增光"演讲会等活动，在活动中达到九三学社宗旨教育、传统教育的目的。

三是加强联系与沟通。坚持实行社县委与社员所在单位联系制度，定期、不定期走访社员所在单位领导，掌握情况，增进了解，沟通意见，为社员成才创造良好的工作环境。建立班子成员与社员联系机制，密切联系社员，虚心听取社员对社务工作的意见与建议，尊重社员的诉求，不断改进社务工作。

四是注重人文关怀。关心社员，社员生病住院，社组织及时看望并送上慰问金。把社员的困难视为自己的困难，力所能及地帮助社员解决实际困难。关心老社员，每年新春佳节组织慰问70岁以上的老社员，并送上400元慰问金，使每位老社员都能感受到组织的温暖；社县委给退休社员每人每年300元活动经费，由他们统一安排各种活动，丰富他们的精神生活。努力维护社员的合法权益，当社员在工作生活方面遇到不公正待遇时，首先给以精神安慰，同时依法协调，维护其合法权益，使社员感到组织的坚强依靠。倡导互助互爱，推动社员间的合作与交流，增进友谊，共同发展；倡导社员利用自身特长与资源为社员排忧解难服好务。所有这些热情的服务和真诚的帮助，使每位社员真正感受到组织的温暖，极大地强化了社的凝聚力。

五是支持社员实现个人人生价值。选拔政治素质高、业务能力强、热心社务工作、年轻富有朝气的社员进入社县委和各支社领导班子，提升服务能力水平。全力推动社员的政治安排和实职安排，至2012年、2013年县市换届时，担任市县人大代表、政协委员达26人次，任副局级以上实职达5人次。设立参政议政奖、科技成果奖等奖项，鼓励社员在"民主与科学"旗帜下，在政治民主、科技进步、服务社会等领域实现人生价值。

第三节　精神家园建设理论研讨

2010—2013年，社县委将精神家园建设的工作思路贯穿到社务工作的始终，大胆探索，勇于实践。全体社员积极响应，踊跃参与。广大社员联系实际，既有理论思考，又有许多具体的思路与建议，形成了人人思考研究精神家园建设，个个参与精神家园建设的良好氛围。

2013年5月26日，社市委和社县委联合召开九三学社精神家园建设理论研讨会。社中央思想建设研究中心主任彭官章，社省委主委、省政协副主席黄润秋，社市委主委、市政协副主席戴晓雁，社省委专职副主委沈光明，中共双流县委常委、统战部长甘立军，社县委主委、县政协副主席蒲光树等领导以及社市委所属各基层组织负责人参加研讨会。与会人员围绕九三学社双流县委建设精神家园的探索与实践，结合新时期九三学社基层组建设的路径等进行了深入研讨，集中了智慧，丰富了九三学社精神家园建设的理论内涵，解决精神家园建设过程中的难题，推动精神家园建设进一步深入开展。

研讨会取得了以下成果：

一、在全国范围内第一次从理论层面研讨九三学社基层组织精神家园建设工作，第一次从社员精神需求层面研讨九三学社基层组织生活活动开展的路径与方法。

二、九三学社双流县委员会"一载体一主线四重点三平台"精神家园建设工作思路得到确立与认可，作为九三"双流经验"得到推广。

三、九三学社双流县委员会关于精神家园建设的探索与实践，有效地提高了基层组织生活活动质量和社员凝聚力，是九三学社基层组织满足社员精神需求的一个创举。

四、收到多篇研究论文，编辑了《九三学社精神家园建设理论研讨会文集》，对开展精神家园建设活动提供了可资借鉴的理论、观点和建议、意见。

第四篇　参政议政

第一章　参政议政活动

九三学社坚持中国共产党领导的多党合作和政治协商制度，贯彻执行"长期共存、互相监督、肝胆相照、荣辱与共"的方针，参加国家政权，参与国家大政方针和国家领导人选的协商，参与国家事务的管理，参与国家方针、政策、法律、法规的制定执行，履行参政议政和民主监督的职能，维护中国共产党的执政地位和政治、社会稳定，促进国家经济、社会发展。

九三学社双流县基层组织始终坚持正确的政治方向，坚持中国特色社会主义政治发展道路，紧密围绕本地各个时期的中心工作参政议政，努力做好参政议政工作，建立参政议政制度和措施，建立以分管副主委牵头、以社员中的人大代表、政协委员为骨干的参政议政队伍。在建言献策工作中，拓宽思路，把握重点，注重质量，推动建言献策工作的开展。九三学社双流县基层组织在参政议政工作中为市、县党政领导机关提出多条有见解、有创意的建设性意见。

第一节　参政议政措施

一、建立参政议政制度

（一）制定参政议政活动办法

1. 以《九三学社成都市委参政议政工作条例》为指导，认真履行参政议政民主监督职能。

2. 积极开展调查研究活动，要求每位班子成员每年必须提交调研报告一份。

3. 积极参加意见征求会、座谈会、情况通报会等，全面了解社会发展和经济建设情况，有的放矢地参政议政，建言献策。

4. 建立"议政日"平台，广开言论，广集民智，多方面听取社情民意，从而升华为人大代表建议、政协委员提案。

5. 在参政议政工作中,做到:同党政中心工作、社会生活、本职工作、社会服务、组织生活相结合;以专题调研、"两会"建议和提案、会议发言、"议政日"活动为重点。

(二)设立参政议政奖励办法

有以下参政议政成果者,可获得奖励:

1. 市、县人大代表的优秀议案,建议、批评和意见;
2. 市、县政协委员的优秀提案;
3. 上报社市委、市人大、市政协的有价值的信息;
4. 在市、县人代会、政协会上的专题发言;
5. 专题调研文章。

二、建立参政议政队伍

九三学社双流县基层组织在参政议政工作中,为了多渠道、多层次、多方面、高水平地搞好参政议政工作,建立以分管副主委牵头,以社员中的人大代表、政协委员为骨干的参政议政队伍,组织开展专题调查研究活动、"议政日"活动、社情民意了解等活动;开设专题讲座、座谈讨论、会议培训等多种形式的活动,研讨交流参政议政的方法和体会,有效提高社员建言献策的能力。每年召开参政议政骨干成员培训工作会2~3次。

2006年12月13日,支社组织社员中新当选的人大代表和政协委员参加县委统战部组织的"如何行使好代表权力和履行好委员职责"的专题培训,支社主委蒲光树出席培训会。

第二节 对口联系工作

为认真贯彻《中共中央关于进一步加强统一战线工作的决定》(中发〔2000〕19号)及省、市有关文件精神,2003年1月,县人民政府办公室印发《关于进一步加强同民主党派联系的通知》(双办发〔2003〕3号)文件。在文件中,明确县人民政府副县长谢仁根同志、副县长周健同志负责联系九三学社双流县支社,县监察局、县计经局、县环保局和县审计局对口联系九三学社双流县支社。

为认真贯彻《中共中央关于巩固和壮大新世纪新阶段统一战线的意见》(中发〔2006〕13号)文件精神,2007年9月,县人民政府办公室印发《关于进一步加强同民主党派联系的通知》（双办发〔2007〕97号）文件。在文件中，明确中共双流县委副书记王波同志、县人民政府副县长甘立军同志负责联系九三学社双流县支社，明确县规划局、县农发局和县审计局对口联系九三学社双流县支社。2009年7月，县人民政府办公室印发《关于进一步加强县政府有关部门同民主党派联系的通知》（双办发〔2009〕47号）文件。在文件中，明确县规划局、县农发局、县审计局、县园林局等部门对口联系九三学社双流县支社。2012年5月，县人民政府印发的《关于进一步加强县政府有关部门同民主党派基层组织联系的通知》（双办发〔2012〕9号）文件中，明确县监察局、县交通局、县农发局、县审计局和县民政局等部门对口联系九三学社双流县委员会。县领导、县人民政府有关部门同九三学社双流县基层组织开展的对口联系工作取得了一定成效。

2003年3月8日，支社与对口联系单位县环保局共同开展活动。社员就双流生态建设和环境保护等建言献策。

2004年9月20日，县人民政府召开与各民主党派对口联系工作会议，县委副书记、县长牛敏，县委副书记、常务副县长朱建生，县委常委、县计划和经济局局长王志刚，副县长李晓东，县委统战部部长李仁等出席会议，部分县级部门领导、民盟、民进、九三学社等民主党派双流基层组织负责人参加会议。

2005年1月，支社与对口联系单位县审计局开展活动。听取县审计局介绍2004年财政预算执行审计、领导干部任期经济责任审计、专项资金审计、固定资产投资审计等工作开展情况。社员了解到审计工作者的工作维护了良好的经济秩序，推动了廉政建设。支社主委蒲光树向县审计局通报支社思想建设、组织建设、组织活动、科技扶贫、参政议政以及全体成员立足岗位建功立业等情况。

2010年11月12日，社县委与对口联系单位县审计局举行对口联系工作座谈会。社员听取县审计局通报的工作情况，参观县审计局新办公区，观摩审计工作人员辛勤工作的实景。社员了解到审计工作者依法审计、严格执法的工作作风，履行审计监督职能，提高财政资金使用效益，规范财经秩序，对县域经济的发展所做的贡献。社员邸平提出了"进一步加强审计工作的建议"，一是建议要着力解决审计机关机构设置和人员编制问题，着力提高审计人员素质问题和积极聘请特约审计员，用好其业务专长和社会影响；二是建议审计项目落实分组负责制，严格对中介机构进行监督管理和考核。该项建议引起县审计局的重视。

2012年6月，社县委与县民政局对口联系会在县民政局会议室召开。听取县民政局局长黄新贵通报县民政局工作，并就《关于完善城市社区居民自治机制的意见》（代拟稿）、《关于推进社区居民（院落）自治的指导意见》（代拟稿）基本内容作说明。社县委参会社员就县民政局工作和《关于完善城市社区居民自治机制的意见》（代拟稿）、《关于推进社区居民（院落）自治的指导意见》（代拟稿）作发言并提出意见和建议。

第三节 专题发言

2005年3月,中共双流县委在棠湖宾馆召开各民主党派、工商联、无党派人士座谈会。会上,副主委邸平代表支社做《精心打造双流都市近郊生态观光休闲产业,全方位推进城乡一体化》的专题发言。专题发言通过对精心打造双流县生态观光休闲产业的都市近郊区位优势、增长强劲西部领先的经济优势、农业特色基地建设的产业优势、密集度高迅速发展的交通设施优势、良好的生态环境优势的分析,向县委提出了可行的对策。即:一是科学规划,优化资源配置,突出区域特色;二是突出重点,大力提升档次和规格,精心打造双流品牌;三是加强政府宏观调控,正确引导,优质服务。该项发言为县委做出打造东山生态观光休闲旅游走廊的决策提供了有用的分析建议。胡月明在县委县政府调研会上做题为《加强社会各级各教育培训 提升市民整体素质》的发言。

是年12月,中共双流县委召开各界人士座谈会,征求2006年工作意见。支社主委蒲光树、副主委邸平、李芳平、李英杰、侯利蓉、张正明参加座谈会。蒲光树代表支社在会上作《同心协力,再创辉煌》的发言,对2006年工作提出建议。其中,《整治东升、华阳小街小巷》等建议受到县委书记、县人大常委会主任谢瑞武及县领导张秀华、朱建生、李仁等的高度评价与肯定。

2007年11月17日,在县委、县人民政府召开的社会各界人士迎春茶话会上,支社主委蒲光树代表各民主党派发言,为双流的发展建言献策。

2009年12月29日,中共双流县委、县人民政府召开各民主党基层组织、工商联、无党派代表人士新年恳谈会。社县委提出"把农村作为城市建设的重点之一"和"关于尽快编制适应世界田园城市要求的规划"等建议意见,引起县委、县政府的重视,要求县农发局、县规划局积极采用,认真办理。

2010年,在县委、县人民政府、县政协召开的各民主党派、工商联、无党派人士征求意见座谈会上,社县委就"九江垃圾发电厂的建设""民主党派基层组织工作""牧马山新城建设""建设世界现代田园城市""转变发展方式和增长方式""转变城市管理执法理念""以历史文化助推双流经济发展"等重大问题提出了切实可行、操作性强的建议意见。

2013年1月21日,社县委副主委李芳平代表九三学社双流县委员会,在2013年双流县党外人士情况通报会上作专题发言,题目是《关于建立三无流浪人员去留的部门协作工作机制》。

第四节　会议发言

2004年，在政协第十二届成都市委员会第二次全体会议上，市政协委员蒲光树代表社市委在书记、市长专题座谈会上作《以区县经济建设为重点，构建统筹城乡发展快车道》的发言。

2005年，在政协第十二届成都市委员会第三次全体会议上，市政协委员蒲光树在书记、市长专题座谈会上作《关于农地征占问题的调查与对策探讨》的发言，指出当前农地征占存在的重大问题，分析了原因，提出了整改的对策建议，受到成都市委主要领导的肯定。

2005年，在政协第八届双流县委员会第三次全体会议上，县政协委员、副主委李芳平、李英杰分别作题为《关于尽快治理开发江安河，促进江安河流域经济发展的建议》《注意发掘城市文化底蕴，提高城市文化品位》的大会发言。县政协委员干大木作《关于大力发展冬草莓的建议》的大会发言，受到县委书记谢瑞武的重视，当即表示这个建议提得很好，责成有关部门加紧办理。

2006年7月，在双流县第八届政协第十六次常务委员会议上，县政协委员、副主委李芳平作专题发言《关于双流经济社会发展的几点建议》；1月，在政协双流县第八届第五次全体会议上作专题发言《尽快治理开发江安河，促进江安河流域经济发展》；9月28日，在双楠大道通车仪式上代表双流县各界人士发言，题目为《'民心路'贯穿南北，'发展桥'连接城乡》。

2007年12月，在双流县第九届政协第二次全体会议上，县政协委员、副主委李芳平作专题发言《村卫生站标准化建设后的运行机制亟待改革》。

2010年，市政协委员蒲光树向社市委提交《关于农村基层民主政治建设的调查与思考》的调查报告，并代表社市委在政协第十三届成都市委员会第三次全体会议上作大会发言，并被社市委作为全国政协提案提交政协第十一届全国委员会第三次会议。

2011年，市政协委员蒲光树向社市委提交《关于生活垃圾分类收集利用的调查与建议》的调研报告，并被列为政协第十三届成都市委员会第四次全体会议大会发言材料。

该报告客观反映了当前生活垃圾产生、收运、处置的现状，从"法律依据""群众基础""成功案例""财力支撑""市政基础"等方面对生活垃圾分类收运处置的可行性进行了分析，提出了"制定《生活垃圾细化分类利用实施办法》""提高对生活垃圾细化分类的认识""加大垃圾分类处理资金投入力度""开展垃圾细化分类教育培训""开展垃圾分类后续收集利用和处理工作"等对策建议。

该报告提交九三学社成都市委，社市委以《实施生活垃圾分类收集处置，确保田园城市的优美环境》为题送中共成都市委、市政府，引起高度重视，市委常委、副市长刘仆批示："请按此文建议，着力抓好两件事：

1. 全市每个区（市）县在五月前抓出三个分类试点工作，一定突出实效；

2. 着手组织专门力量在试点总结的基础上可研处提出全市推进分类处理的规划意见，使其成为指导今后中长期工作（分类处理）的纲领性文件。"

社市委将《关于生活垃圾分类收集利用的调查与建议》整理为政协大会发言材料，在政协第十三届成都市委员会第四次会议第三次全体会议上作了大会发言，并形成社市委集体提案，提交政协第十三届成都市委员会第四次会议。该提案被评为2011年度优秀提案。

《关于生活垃圾分类收集利用的调查与建议》的办理成效表现在：

一是市委、市政府及社会各界高度重视与关注，生活垃圾分类收集处置成为市政府一项重要工作开始全面实施。

二是刘仆副市长指示市城管局按照建议内容组团到台湾考察学习垃圾分类处理方法。刘仆副市长特别提示，要市城管局请九三学社专家一道赴台湾考察，并在认真听取九三学社意见和建议的基础上，提交考察调研报告。

三是市城管局开始在万科金域蓝湾等小区进行了生活垃圾分类收集的试点工作。成都市各区（市）县也开始进行生活垃圾分类收集处置的试点工作。

四是市城管局与市法制办正在协调相关方面抓紧进行立法等调研工作。

五是直接促成市城管局 2012 年编制完成《成都市生活垃圾分类收集中长期规划纲要》（2010 年—2020 年）。

第五节　人大代表建议

1988 年 12 月，市人大代表夏仕蓉在成都市第十一届人代会上提交《对双流县牧马山五大提灌站设施改造资金投入的建议》中提到，80 年代，五大提灌站设施老化，年久失修，机器难以正常运转，不能保证灌区 4 万亩耕地的灌溉，农牧业生产受损严重，县财政资金困难，改造工程迫在眉睫。市政府受理此建议，刁金祥市长于次年 2 月亲临双流现场办公，当年投入资金 40 万元，县财政配套解决一部分，改造五大提灌站灌溉系统和基础设施，1990 年春全部设施改造完毕，保证了 4 万亩耕地的正常灌溉。

1989 年 12 月，市人大代表夏仕蓉参与"江安河受污染"质询案，参加"质询案"现场考察和治污方案的研究和制定。后经市、县政府和相关职能部门的督办，制污企业逐步采取关、停、并、转等方式减少制污。同年提出《加强农业基础设施建设，加大资金投入的建议》；1990年提出《严禁乱占耕地和荒芜良田的建议》；1990年、1991年连续提出《千方百计减轻农民负担，开发多种渠道增加农民收入的意见》；1993年提出《加强农技服务体系建设，在成都市制定农技推广条例的意见》，市人大立案后，亲自参与条例制定工作；1997年提出《严格控制和管好农用生产物资的价格，保证其供应的意见》，时任成都市委书记黄寅逵高度重视，后经有关职能部门对农用生产物资的价格加强检查、督促和监管，在半年内物价平抑，农用物资供应充足。

2001年，市人大代表、社员张正明在成都市第十三届人代会上提出《关于重视规划东郊，建成电子信息产业基地的建议》《关于尽快修建川藏路和绕城路的建议》；在县第十四届人代会上提出《关于修建华龙路的建议》《关于平坝地区农村环境保护的建议》。其中，《关于尽快修建川藏路和绕城路的建议》因涉及成都市经济、交通发展，得到市政府高度重视，市政府加快修建川藏路和绕城路，于2001年修建完成绕城高速路并通车，2010年改造扩建完成川藏路双流段。

2002年，县人大代表张正明与其他代表共同提出《关于棠湖公园拆墙透绿的建议》，县政府采纳后，于2003年对位于城中心的棠湖公园进行改造，实施拆墙透绿。2004年初，双流县又投入资金增建林地、修建文化历史艺术墙、音乐喷泉等，使棠湖公园成了市民最喜爱的娱乐休闲之地。

2005年，在县第十五届人大第四次会议期间，县人大代表蒲光树领衔提交的《关于岷江水厂二期工程建设的议案》，经大会审议，全体代表一致通过并启动建设。

2006年，在县第十五届人大第五次会议期间，县人大代表李芳平、胡月明、侯利蓉等就免除义务教育阶段学生费用、提高义务教育阶段教师待遇以及交通、卫生资源整合利用、城市建设管理、城市公共设施建设等工作积极建言献策，提出建设性建议意见，提交建议、提案。

2007年，在县第十六届人大会上，县人大代表侯利蓉、张正明、李芳平、胡月明、赵晓等就中医医学、困难群体医疗救助、白河水环境整治、村卫生站建设等提出《重视祖国医学中医事业，加大对中医院的投入》《政府应加强对困难群体的医疗援助》《关于整治白河水环境的建议》《村卫生站标准化建设后的运行机制转化势在必行》《关于文明城市公共场所应禁止吸烟的建议》等建议；何新蓉在县第十六届人大会上提交《实行妇幼民生工程——阳光工程》的建议。

2011年，支社在市、县"两会"期间，提交《尽快取缔东升新城违规经营场所，充分发挥新城城市承载功能》等29件建议。

2012年，彭锦在县第十七届人大会上提交《关于进一步加强司法所队伍建设的建议》；王功玉在县第十七届人大会上提交《关于改善永安路道路拥堵情况的建议》。

2013年，在成都市第十六届人大会第一次会议上，苏东提交《关于增强对企业就业扶持政策的宣传力度的建议》，山琳霞提交《关于规范全市拆迁安置的建议》《关于加快推广使用农产品质量安全可追溯标识标牌的建议》；在县第十七届人大会第二次会议上，彭锦提交《关于解决公证人员匮乏问题的建议》；在县第十七届人大会上，王功玉提交《关于杜绝电动三轮非法营运的建议》。

第六节　政协委员提案

一、九三学社历届政协委员提案

1986年2月，县政协委员夏仕蓉提交《关于重视粮食生产的建议》；1987年2月，提交《加强农业基础设施建设，加大资金投入》；1987年，提交《抓紧牧马山五大提灌设施的改造，保证灌区农田供水》；1988年春，提交《进行优质稻米的开发与利用》；1991年春提交《加强农技服务体系建设和农技人才的培养，落实农技人员的待遇》《开发丘区农业经济，加大农业结构调整，加大资金投入，迅速改变其面貌的建议》《硅肥在杂交水稻上应用推广的意见》等提案。其中《硅肥在杂交水稻上应用推广的意见》被县政协主席会议列入集体提案，由县委批转执行，在全县杂交水稻上推广应用，《开发丘区农业经济，加大农业结构调整，加大资金投入，迅速改变其面貌的建议》得到县委县政府的高度重视，在全县制定了丘区农业发展规划、实施方案、实施措施。首先加强水利等基础设施建设，然后从单一的粮油模式改变为多种经营模式，种植业上大力栽种优质梨、枇杷、草莓等水果；养殖业上动员农户养兔、养羊、养鸡。丘区经济迅猛增长，面貌一新，农民收入成倍增长。全国知名特产云崖兔、牧山麻羊、金花梨、大五星枇杷、冬草莓和牧山二荆条辣椒都产自双流县丘区。

1991年，潘泽恩提交《关于东升镇社会治安》提案，被评为县政协优秀提案，获优秀提案奖。

1997年，夏仕蓉提交《关于在东升镇禁止燃放烟花爆竹的建议》提案，当年便被县政府采纳并实施，立即发出禁燃公告。该提案被县政协评为优秀提案，获优秀提案奖。

2001年，县政协委员李英杰在县政协会上提交《加强农村健康教育，促进卫生医疗保险制度的建立》提案。

2002年，县政协委员邸平在政协第七届双流县委员会第五次会上提交《增加东升、华阳两镇雕塑数量，提升城市品位》《关于进一步重视双流县高科技农业开发区规划和基础设施建设的意见》等提案。

邸平《关于启动双流光电子产业基地建设的建议》被评为政协第八届双流县委员

会第一次会议优秀提案。该提案建议依靠中科院光电所的科研实力和科技优势，在西航港经济开发区大力发展高新技术产业（光电子产业），为双流县经济的持续健康发展打下了坚实基础。

2003年，市政协委员邱平向市政协提交《加强我市郊区市、区、县道路交通安全管理》提案；县政协委员李英杰、侯利蓉等向县政协提交《严格禁止制造、销售毒鼠强剧毒药》《加强工业园区规划和管理》等提案；县政协委员李芳平提交《双流县人民广场增加电视大屏幕非常必要》等提案。

县政协委员潘泽恩《加大力度整治东升街边环境》被评为政协第八届双流县委员会第二次会议优秀提案。

2004年，市政协委员蒲光树向市政协提交《关于在我市医院全面推行明细划价的建议》提案；县政协委员潘泽恩、王洪旭、李英杰、李芳平等向县政协提交《构建农村三级妇女儿童保健网络》《农民向城镇集中，小区应建立社区卫生保健服务设施》《加强东升镇绕城线周边环境治理》等提案；县政协委员李芳平提交《关于将成都建设成特大型生态城市的建议》；县政协委员邱平提交《关于改善民主党派工作条件》《建造城市森林、城市湿地，实现人与自然和谐相处，科学打造现代空港园林城市》的提案。

其中，邱平的《建造城市森林、城市湿地，实现人与自然和谐相处，科学打造现代空港园林城市》被评为政协第八届双流县委员会第三次会议优秀提案。该提案建议要科学地打造好双流现代空港园林城市，主要通过建设城市森林这个现代城市的"绿肺"和城市湿地这个现代城市的"绿肾"来实现。

县政协委员李英杰在政协第八届双流县委员会第四次会议上提出了《提高人口素质，加强婚前体检》提案，并在全会上做大会发言。此提案引起县政府的高度重视，决定恢复婚前体检，体检费用由政府买单，在双流妇幼保健院定点体检，体检项目按四川省规定的《婚前医学检查标准》执行。到目前，每年大约有近8000对结婚者体检，婚前体检率达80%。此举提升了双流群众的婚姻质量，避免了因身体缺陷、隐性疾病带来的婚后悲剧。

2005年，支社提交《关于精心打造双流都市近郊生态观光休闲产业，全方位推进城乡一体化的建议》的集体提案；县政协委员李英杰等向县政协提交《关于加强政治协商及及时通报信息》的提案；县政协委员干大木提交《拓展草莓新区，增加农民收入》提案；县政协委员潘泽恩提交《关于修建县一医院急救中心申请专项拨款的建议》。

其中，干大木的《拓展草莓新区，增加农民收入》提案提出建议：

1. 作出新区发展规划；
2. 在新区抓2～3个示范点；
3. 在新区作新品种、新药肥试验；
4. 加强技术培训指导。

该提案得到县政府高度重视并落实办理，分别在"双黄线""城关片区"建示范点2个，当年示范成功，相关工作全面开展。双流冬草莓种植由东向西转移，取得较好的社会、经济效益。到2012年新区发展已初具规模，现已形成12个规模化观光采摘点，新引进规模种植业主5家，市级龙头企业1家，建立起四川地区首家草莓工厂化育苗中心一万平方米。

其中，潘泽恩的《关于修建县一医院急救中心申请专项拨款的建议》，双流县政府高度重视，并落实办理。由双流县政府有关部门立项出资，于2006年修建县一医院急救中心并使用。

李芳平《关于尽快治理开发江安河，促进江安河流域经济发展的建议》被评为政协第八届双流县委员会第四次会议优秀提案。

干大木《加强对专合经济组织培训、指导，充分发挥其作用》提案被评为政协第八届双流县委员会第四次会议优秀提案。

2006年，在政协第十二届成都市委员会第四次会议上，市政协委员蒲光树提交《关于严厉打击盗窃通信线路的建议》提案；在政协第九届双流县委员会第一次会议上，县政协委员李芳平提交《综合治理开发江安河，促进江安河流域经济发展》《加大交通设施硬件投入，加强城市交通管理，规范城区交通秩序》提案；县政协委员易世福提交《关于在县疾控中心门口设置交通安全警示标志的意见》提案；县政协委员山琳霞提交《加强民族团结，构建和谐双流》提案；县政协委员潘泽恩等提交《关于在西北街一线修建公厕的建议》提案；县政协委员邸平提交《交警认真文明执法，城区交通依法畅通》《关于进一步对城市养狗行为的管理与规范，确保人民生命财产安全，环境有序良好》提案；县政协委员李英杰等提交《打击"医闹"维护好医院公共秩序》提案；县政协委员胡月明等提交《进一步提高居民天然气供给的科学化服务水平》《进一步加强民办学校"学校卫生的管理，规范其办学行为"》等提案；县政协委员钟朝晖提交《妥善处理好"拆违"工作中后期遗留问题》提案；县政协委员干大木等提交《关于建立公交车统一运营机制的建议》提案；县政协委员苏东提交《丘陵乡镇新农村建设住宅不应占用粮田》《县政府应不再批建页岩砖厂而应组织投资者购买要出让的砖厂》提案；赵晓提交《关于争创全省沼气示范县的建议》提案。

其中，李芳平的《综合治理开发江安河，促进江安河流域经济发展》提案交办实施后，江安河整治初见成效：一是从2006年开始县政府将江安河的综合治理改造纳入了城市建设规划；二是沿江安河修建了连接机场与绕城高速接待区入口间的临港路，并于2012年实现通车；三是完成了西航港街道江安河全长2.5公里、总面积3万m^2示范段整治工程，彻底改变了江安河两岸旧貌，带动了沿河两岸的土地增值，为沿河经济带的发展，为下一步全面实施江安河综合整治奠定了基础。

其中，赵晓的《关于争创全省沼气示范县的建议》获优秀提案。县政府高度重视，县财政局拨出专款4000余万元用于沼气建设。通过四年实施，全县农村农户的沼气池建设普及率达80%，完成示范建设，获省政府奖牌。

2007年，在政协第十二届成都市委员会第五次会议上，市政协委员蒲光树提交《关于在公立医院开展济困医疗工作的建议》提案。在政协第九届双流县委员会第一次会议上，政协委员李英杰提出《建立健全政府救助机制，解决"三无"人员医疗费用》提案，被评为2007年度优秀提案。双流县人民政府县长符礼建在该提案上批示："这是一个好提案，所提问题客观存在，所提建议也有一定可操作性。请民政、卫生、财政、公安等职能部门认真研究，在实际工作中积极采纳李英杰委员的建议。"该提案办理后，每年财政拨款100万，专用于解决"三无"人员医疗费用，极大地缓解了医院的压力，使困难群体的医疗救助得到了很大的改善。

2008年，在政协第十三届成都市委员会第一次会议上，市政协委员蒲光树提交《关于在全市超市禁止使用塑料购物袋的建议》提案；在政协第九届双流县委员会第二次会上，县政协委员邸平提交《关于建设生态型工业集中发展区的建议》提案；县政协委员谭国庆提交《关于修建东明街一小巷路面的建议》《关于建立"双流县政协网""双流县政协网络提案系统"的建议》等提案；县政协委员易世福等提交《关于大学生就业问题的建议》《关于合理配置卫生人才，促进农村公共卫生事业发展的建议》等提案；县政协委员张启良提交《关于丘陵山地植树造林的建议》提案，县政协委员山琳霞提交《关于解决村镇产权房的建议》《关于支持医务人员积极参与公务、政务活动的建议》提案；县政协委员干大木、赵晓等提交《关于总结办节经验，提高办节效果的建议》《关于增加农业科技投入，促进农业科技成果转化的建议》提案；县政协委员胡月明等提交《关于规范居民小区生活配套设施设置的建议》提案，县政协委员李英杰等提交《关于扩大医院规模，加大政府投入的建议》提案。

其中，易世福的《关于合理配置卫生人才，促进农村公共卫生事业发展的建议》提案受到县政府重视，要求有关部门办理落实。通过政府连续两年的追踪督办，按要求逐渐合理配置了专业的卫生人才；按社区人口落实了公共卫生人头经费及设施。促进了农村公共卫生事业的发展。该提案被评为政协第九届双流县委员会第二次会议优秀提案。

赵晓《关于增加农业科技投入，促进农村科技成果转化的建议》提案被评为政协第九届双流县委员会第二次会议优秀提案。

2009年，在政协第十三届成都市委员会第二次会议上，市政协委员蒲光树提交《关于增加中医药报销项目和提高报销比例的建议》《关于乡村医生养老保险有关问题的建议》提案；在政协第九届双流县委员会第三次会上，县政协委员潘泽恩提交《关于加强双流县东升镇安福街路口的交通管理的建议》提案，县政协委员赵晋蓉提交《关于加强城乡基础设施建设的建议》提案，县政协委员山琳霞提交《关于城中村有关街道建设的建议》《关于加大投入，规范化建设农贸市场的建议》提案，县政协委员李芳平提交《关于双流县乡村医生养老亟待政策保障的建议》等三条提案；县政协委员邱平提交《关于建设好龙泉山双流区域生态环境的建议》提案；县政协委员谭国庆提交《关于齐抓共管，引导青少年正确运用网络的建议》提案；县政协委员易世福等提交《关于科学规划，完善我县社区卫生服务体系建设的建议》提案；县政协委员张启良等提交《关于将门诊治疗费用纳入医保报销范畴的建议》提案；县政协委员赵晓等提交《关于加强有机肥生产与应用，提高农产品质量与安全的建议》提案；县政协委员干大木等提交《关于探索现代农业气象指标的建议》提案；县政协委员胡月明等提交《关于不断增强干部法律意识，提高干部依法行政能力的建议》《关于迁建双流县西航港社区卫生服务中心的建议》等提案，县政协委员李英杰等提交《关于加强小区绿化管理，为创建园林式城市做贡献的建议》提案。

其中，李芳平的《关于双流县乡村医生养老亟待政策保障的建议》得到县委县政府高度重视并逐步实施。由此，双流县乡村医生的养老保险和待遇得到政策保障：一是按照自愿购买的原则，2009年4月起，除已购买失地农民养老保险的乡村医生外，全县其余662名乡村医生统一购买了城镇职工养老保险，至此纳入养老保险的乡村医生共有750人，占总数的98%；二是对全县219家村卫生站进行标准化建设并免费提供给乡村医生使用；三是从2010年开始县委常委会的纪要中，明确提出由镇（街道）政府引导各村民委员会同意，每年从村级公共服务经费中列支2.1万元，用于向乡村医生购买基本医疗卫生服务。至此，双流县在四川省率先解决了乡村医生养老问题。

其中，胡月明的《关于迁建双流县西航港社区卫生服务中心的建议》，对老百姓"看病难、看病贵"的问题进行了分析，建议为老百姓提供安全、便捷、有效、廉价的"六位一体"的社区卫生服务。该提案受到县政府高度重视，得到县卫生局、红十字会、西航港街道等多个部门的关心支持，并对该建议内容进行调研核实。2010年西航港社区卫生服务中心开始迁建，2011年落成，2012年正式投入使用。

其中，山琳霞的《加大投入，规范化建设农贸市场的建议》提出：双流县农贸市场脏乱差现象比较严重，农产品生产者出售农产品较为困难，消费者购买农产品和其他消费品不方便。建议县委县政府加大对市场建设的投入，合理科学规划和规范化建设农产品销售市场，方便城乡居民生产生活。该提案提出后，得到县委县政府高度重视，县委书记高志坚批示："提案很好，请县商务局、县市场中心制定详细方案予以落实。"此后，县商务局、县市场中心制定了详细的实施方案，县财政投入几千万元资金，对双流县大市场、双流城西市场、华阳市场、籍田市场等进行了规范化改造，对一杆旗市场进行了迁建，即将一杆旗市场搬到了丰乐市场，原来的市场脏乱差现象不复存在，并大大方便了城乡居民的生产生活。该提案被评为政协第九届双流县委员会第三次会议优秀提案。

2010年，在政协第十三届成都市委员会第三次会议上，市政协委员蒲光树提交《尽快制定"生活垃圾分类实施办法"，推动生活垃圾分类利用》提案；在政协第九届双流县委员会第五次会议上，社县委提交《关于发掘槐轩文化，建设空港田园大城市文化名片的建议》提案；县政协委员邸平提交《关于规划建设好城市组团之间区域绿道的建议》提案；县政协委员赵晓提交《关于农产品安全体系建设的建议》提案；县政协委员张启良提交《关于让"打义工"成为学生素质教育的一部分的建议》提案；县政协委员胡月明提交《关于政府"建设项目并联审批"工作中不能缺省"卫生行政预防性审查"的建议》提案；县政协委员赵晋蓉等人《关于切实改善冬季缺气的建议》提案；县政协委员谭国庆提交《关于取缔双流中学校门口流动小食品摊点的建议》提案，县政协委员苏东提交《关于完善西航港工业集中发展区道路交通安全设施的建议》《关于棠湖公园应提高管理服务质量的建议》等提案。

其中，邸平的《关于规划建设好城市组团之间区域绿道的建议》被评为政协第九届双流县委员会第四次会议优秀提案。该提案建议建设好区域绿道，特别是城市组团和城市近郊之间的绿道，为保护城市生态环境，支撑城市健康发展，满足城市居民健康休闲的需求提供硬件支撑。

其中，胡月明的《关于政府"建设项目并联审批"工作中不能缺省"卫生行政预防性审查"的建议》受到县政府高度重视，派出人员进行调研，征求意见，并于2012年将该项工作纳入双流县人民政府《双流县建设项目并联审批实施办法》中。目前该项工作已顺利实施，卫生行政部门已对多个建设项目进行预防性卫生审查。该提案取得了建设项目卫生参与"三同时"在双流的实施。

2011年，在政协第十三届成都市委员会第四次会议上，市政协委员蒲光树提交《关于在成都市范围内禁建垃圾发电站的建议》提案；在政协第九届双流县委员会第六次会议上，县政协委员李芳平提交《尽快取缔东升新城自建形成的违规休闲场所的建议》提案；县政协委员谭国庆提交《关于暂停循环使用小学教材的建议》提案；县政协委员李英杰提交《关于加强人口和计划生育公共服务的建议》提案；县政协委员邸平提交《关于高度重视城市、城镇基础设施建设的建议》提案；县政协委员胡月明提交《关于实现独生子女父母奖励金城乡均衡化的建议》提案；县政协委员易世福提交《关于关注民生，确保冬季群众用气的建议》提案；县政协委员山琳霞提交《关于严格项目招标管理，确实做到公开、公正、公平，确保项目工程质量的建议》提案；县政协委员钟朝晖提交《关于加强公共服务，构建和谐双流的建议》提案。

李芳平的《尽快取缔东升新城自建形成的违规休闲场所的建议》被评为政协第九届双流县委员会第六次会议优秀提案。

2012年，在政协第十三届成都市委员会第五次会议上，市政协委员蒲光树提交《关于人民南路南延线建设的建议》提案；在政协第十届双流县委员会第一次会议上，县政协委员李芳平提交《关于缓解棠中路一段与南昌路交汇口车辆拥堵的建议》提案；县政协委员黄志茹提交《关于引进社会民间资金参与天府新区基础设施建设的建议》提案；县政协委员刘力提交《关于规范和完善社区功能，推进和谐社区建设的建议》提案；县政协委员何新蓉提交《关于进一步加强妇幼卫生人才队伍建设的建议》提案；县政协委员刘建军、李英杰提交《关于实用科普医学讲座进社区，引导百姓如何就医的建议》提案；县政协委员胡月明等人提交《关于加强农贸市场内食品生产经营卫生管理的建议》《关于进一步做好法治城市创建工作的几点建议》等提案。

黄志茹《关于引进社会民间资金参与天府新区基础设施建设的建议》，李芳平提交的《关于天府新区公立医疗机构的规划建设的建议》等提案被评为政协第十届双流县委员会第一次会议优秀提案。

2013年，在政协第十四届成都市委员会第一次会议上，市政协委员蒲光树提交《关于"制定生活垃圾分类利用实施办法"的建议》提案；在政协第十届双流县委员会第二次会议上，县政协委员李英杰提交《深入推进安全社区创建，营造安全健康和谐社会》《强化职业健康安全监管，提高职业健康水平》提案；县政协委员李芳平提交《关于沿牧山干渠建设绿色生态健身步行走廊的建议》提案；县政协委员何新蓉提交《关于开展"青春要设防，性知识走进中学校园"的建议》提案；县政协委员刘力提交《关于推进农民集中安置小区（涉农社区）管理的建议》提案；县政协委员孙涛提交《关于提高我县耕地利用率的建议》提案；县政协委员赵晓提交《关于推进农业生产方式转变，实现农业规模生产科技进步的建议》提案；县政协委员胡月明等人提交《关于加强流动人口服务管理，建设和谐共融新双流的建议》提案。

其中，李英杰《深入推进安全社区创建，营造安全健康和谐社会》《强化职业健康安全监管，提高职业健康水平》已得到县安监局的答复：此两个问题很值得做好。特别是已在三星镇和胜利镇开始了安全社区创建的试点，收到了很好的效果。

二、九三学社双流县基层组织政协委员优秀提案人

2003年，政协第七届双流县委员会对邸平社员给予"1998—2002年度优秀提案人"表彰。

2003年，政协第七届双流县委员会对李英杰社员给予"1998—2002年度优秀提案人"表彰。

三、其他政协活动

2005年，市政协委员蒲光树参加市政协主办的"构建和谐成都论坛"，其论文《和谐社会与民主监督浅议》获入围奖。

2009年，在市政协会议期间，市政协委员蒲光树作客新华网接受采访，就农村科技、人才队伍建设等问题与广大网民进行交流。

2010年，社县委在县政协和县委统战部主办的"建设空港现代田园大城市论坛"上的发言《论空港现代田园大城市人与自然的和谐》受到参会者的高度评价。

第七节　社情民意反映

2003年，支社向县委、县政府反映：将妇幼保健工作作为公共卫生事业进行立项建设。

2004年，支社向市政协和社市委反映《农业养殖污染严重》《交警执法素质亟待提高》等问题。

张星元、毛泽鹃、苏学操等退休老社员根据参加组织生活活动时路途所见所感，提交《昆山农业园区土地大面积长荒草，请县领导高度重视》等15条社情民意。

2005年2月，社员蒲光树向县委反映：《关于大力发展农村义务教育的建议》。

2007年5月，社员蒲光树向社市委反映：《突破行政区划限制，实现站华路全线贯通》，11月社员蒲光树向县委反映：《整治白河水环境》。社员李芳平向社市委反映：《实现站华路与高新区道路对接，促进经济与社会协调发展》。

四川大学退休教授、社员苏学操在生活中调研并提交《双流要发展，公交应开放》的建议，县政协委员、社员胡月明据此形成政协提案，推动了公交车辆投运的调整，方便了市民出行。退休教师、社员廖肇芳在生活中调研提交《关于加大农村环境治理力度的建议》，首次提出农村垃圾村收集、镇运输、县处理的思路，被县政府采纳，为农村环境保护发挥了作用。

2008年，社员蒲光树向社市委反映：《关于彭州灾后重建的建议》。

2009年，社员蒲光树向县委反映：《关于西街办龙港社区"空港新居"有关问题的汇报》《关于支持中小企业发展的建议》。其中，《关于西街办龙港社区"空港新居"有关问题的汇报》呈报县委书记高志坚同志批阅后，推动了龙港社区闲置商铺的处理，为失地农民再就业，方便社区生产生活，繁荣社区经济发挥了应有的作用。

社员苏学操、张光裕、廖肇芳、张星元、王洪旭等向社县委提交《关于退休民办教师有关问题的建议》《关于严查过期药品的建议》《关于建设临空标志提升城市形象的建议》等社情民意。

2010年，社县委主委、副主委参加县委、县政府、县政协、县委统战部举办的征求意见会，就"九江垃圾发电厂的建设""转变城市管理执法理念""以历史文化助推双流经济发展"等重大问题和社会热难点问题提出切实可行的建议意见。社员李芳平向社市委反映:《尽快缓解绕城高速出入口严重拥堵的现状》,向县政协反映:《将我县机关单位休假由集中式调整为分散式休假》。

2012年,社员何新蓉反映:《进一步规范双流县电三轮的管理》。

2013年,社员刘力向县政协反映:

1. 由于"国五条"的发布,造成县政务服务中心房产分中心地税征收大厅从2013年3月4日开始,每天都有大量群众排队缴税。由于地税征收大厅每天限号100号,造成部分群众当天不能办理缴税业务,群众意见很大,希望地税部门能够加派人手解决群众实际困难。

2. 双流县从2013年3月1日开始执行停车新收费标准,因单位停车位紧张的职工上班只能将车停在街面停车位上,每天20多元的停车费普遍反映太高,建议对每天停车的职工统一发放停车卡。

第八节 议政日活动

"议政日"活动,是九三学社双流县基层组织参政议政内容之一。对中共党委和政府的重大决策、决议、重点工作等进行交流讨论,调查了解社会经济的发展状况和存在的问题,调查了解社区民众的需求,是九三学社关注国家发展,关注社会民生的责任和使命。在积累大量信息的基础上,社员之间通过交流和深入研讨,提出解决的办法和措施。九三学社双流县基层组织通过制度的建立,"议政日"活动的开展,有效地提高了参政议政的质量和可行性,并促使参政议政活动经常化。

一、建立"议政日"制度

2002年9月24日,讨论通过《九三学社双流县支社议政日制度》,主要内容如下。

1. 每年十一月或十二月的组织生活活动日为议政日。

2. 设立议政日,目的在于就全县经济建设、社会发展方面的重大事项或群众关心的重点、热点问题开展讨论,广泛收集社员的意见和建议。

3. 全体社员都要关心国家大事,关心双流的经济建设和社会事业发展,积极建言献策。

4. 全体社员都应密切联系群众,广泛了解社情民意,每年以书面形式向社县委或支社提出1条以上有价值的建议意见。

5. 议政日收集的建议意见,交建言献策骨干成员参考或由人大代表或政协委员形成议案、建议、批评和意见或提案,在市、县人代会或政协会期间提交"一府两院"办理。

6. 设立议政奖，凡社员在议政日提出的建议意见被人大代表、政协委员采纳的，均可获奖。

二、"议政日"活动

2002年9月24日，讨论并通过设立"议政日"和"议政日制度"，把每年11月或12月的组织生活作为专题"议政日"。

从2002年开始，"议政日"活动从未间断，每年"议政日"都收到社员建议和意见多条，其中不少是非常有价值的建议，得到政府的高度认可。如2005收到各种建议21条，其中王洪旭提出的《关于建设城市绿地的建议》、周嗣铨提出的《关于加强学习的建议》等建议质量很高，并具有可操作性和决策参考性。

2007年，开展"议政日"活动，全体社员积极参与，提建议、献良策，"议政日"收到建议意见49条。

2008年，在"议政日"活动中，王洪旭等提出《这段道路应该维修好》《尽快打通围城路》《尽快取消双流实验小学门口的算命市场，净化学校周边环境》等建议。

2010年，"议政日"活动中，黄文栋、陈明复、周嗣铨等社员向社县委提交《关注农药污染导致的食品安全问题》《天府新区建设要节约国有土地》《蔬菜价高折射出的隐忧》《加强义务教育管理，禁止乱收费》等热点社会问题的建议，获得全体社员的赞同。

2012年，社员干大木在永兴镇培训农民时，发现当前全县开展的对农民的技能培训与农民实际需求不相适应的问题，在"议政日"活动时提出《关于改进培训方式，激发农民对科技有效需求的建议》《关于争取启用草莓地理标志的建议》；社员李芳平、李英杰在永兴镇篁筱新村开展医疗下乡服务时，针对目前农村合作医疗及村卫生站建设中存在的问题，提出了《关于建立完善合作医疗机构的硬件设施的建议》《关于村卫生站标准化建设的几点建议》等建议。

第九节 调查研究活动及成果

一、简 述

为了多渠道、多层次、多方面、高水平地搞好参政议政工作，九三学社双流县基层组织建立以分管副主委牵头，以社员中的人大代表、政协委员为骨干的参政议政队伍，开展专题调研活动。采用确定重点调研课题，研讨交流参政议政方法和体会，拓宽思路，推动调查研究、议政建言工作的开展。把调查研究、议政建言工作与社市委调研工作及县委统战部党派工作相结合，积极争取县委统战部、县政府相关部门及镇、街道的支持，为调查研究、建言献策的顺利进行创造条件。

为更好地开展调研工作，制定了以下措施：

1. 设立课题经费，为社员开展专题调研提供经费保障。
2. 为调研活动提供车辆经费保证，有一定经济实力的社员主动出资、出车为调研活动提供帮助。
3. 积极协调相关部门及镇、街道为社员调研提供支持。
4. 领导班子带头，每年完成至少一篇专题调研报告。
5. 设立专题调研奖项，鼓励社员积极参与。

二、调查研究活动及成果

九三学社双流县基层组织利用组织生活活动和其他形式，广泛开展调研。

1996年7月，参与县委统战部组织的各民主党派对农村"稳粮奔小康"的专题调查，支社夏仕蓉、卢建刚、邸平参加。

2002年3月，支社对永安镇果王公司、建军村、红卫村、盐井村开展农业科技推广、产业结构调整等调查研究。针对加入世界贸易组织的挑战和永安镇的实际，社员提出建议：一是农业产业结构调整要突出优势和特色，要形成自己的主导产品和拳头产品积极拓展国内外市场。二要进一步加大农业对外招商力度，积极推进土地重组，推动新品种、新技术推广，形成产业化、集约化经营。三要加强与省内外科研院校的联系，不断引进先进技术和高效优质品种，加强无公害、绿色食品生产。四要加强农村信息网络建设，用最新信息指导农业生产和营销。社员蒲光树撰写的《关于农村电子信息网络建设的调查与思考》刊登在县委办2002年第五期《决策与参考》。

2003年，围绕"农业产业结构调整、招商引资和小城镇建设"等内容到永兴镇、黄水镇参观调研。为黄水镇工业园区建设建言献策：一要进一步解放思想，转变观念，加大工业园区建设与开发力度；要转变作风，提高服务质量，努力打造出一流的招商环境。二要高标准、高起点作好工业园区总体规划，依托牧马山开发区，主动吸纳东升镇的强辐射，与牧马山开发区连线成片开发，形成规模和产业集聚。三要利用"国栋"的影响，加快招商引资步伐，提升招商引资质量。四要注意环境保护和可持续发展。五要进一步加快工业园区基础设施建设步伐。社员蒲光树撰写的《关于农业税实行零税率的调查与思考》刊登在县委办2003年44期《工作研究》。

2004年，支社通过组织活动开展认真调研后，提出《着力做好农村劳动力职业技能培训工作的建议》。建议提出：一是统筹规划，突出重点，循序实施培训；二是进一步重点健全农村劳动力职业技能培训体系；三是全面提升培训质量；四是积极利用好社会培训资源。社员蒲光树撰写《关于农业服务体系建设的调查与思考》调研报告刊登在县委办 2004 年 64 期《工作研究》。社员邱平撰写《加快双流林业跨越式发展的对策》调研报告，提交县政府和县委统战部。

2005 年，社员干大木通过工作实践和调查，撰写出《双流县无公害草莓生产现状与对策思考》调研报告，提交县政府，并发表在国家级刊物《柑橘与亚热带果树信息》。

2006 年，社员蒲光树通过深入调研，执笔完成社市委调研课题《关于如何发挥村级管理组织作用的调查与思考》。根据中共双流县委的要求，支社围绕双流县农业农村工作开展调查研究，完成《巩固农业结构调整成果，提升双流农业和形象，切实提高农民收入》《社会主义新农村建设的重点和应注意的问题》两个专题调研。客观分析了目前本县农业产业结构和新农村建设的现状，提出存在的问题，提出可操作性对策建议。社员邱平通过调查研究，完成《认真贯彻"关于加快发展林业产业的决定"，树立科学发展观，努力实现林业新跨越，促进生态建设和农民增收"双赢"》调研报告，提交县政府和县委统战部。社员蒲光树撰写《关于新农村建设与村级民主管理的思考》调研报告于 2006 年 4 月提交社市委；《关于如何发挥村级管理组织作用的调查与思考》刊登在县委办 2006 年 21 期《决策与参考》，《关于建设锦绣东山乡村俱乐部产业带的调查与思考》刊登在县委办 2006 年 19 期《工作研究》。

2007 年，社员蒲光树和李芳平等通过多次深入调研，完成《关于现代农业科技人才体系建设的调查与思考》《村卫生站运行机制的改革势在必行》等专题调研报告，受到县委、县政府的高度重视。双流县人民政府县长符礼建在《关于现代农业科技人才体系建设的调查与思考》专题调研报告上批示："科技兴农是发展现代农业的重要路径，而科技人才队伍如何，关系农业发展大局。本课题对我县农业科技人才队伍的情况清楚，对存在的问题找得准确，所提建议有可操作性，请农发局在研究现代农业服务体系建设时予以采纳。"在《村卫生站运行机制的改革势在必行》专题调研报告上批示"这个报告很好，请卫生局和仁根同志学习参考。"该年度支社获县委统战部调查研究工作一等奖。社员邱平通过工作实践和调查，撰写出《双流林业有害生物防治对策》调研报告，提交给县政府，为双流防止外来有害生物入侵破坏森林资源，保障国土生态安全提供了可操作的建议措施。社员蒲光树撰写《关于现代农业科技人才体系建设的调查与思考》调研报告刊登在县委办 2007 年 33 期《工作研究》。

2008 年，社县委完成《关于现代农业园区建设的调查与对策探讨》《乡村医生养老亟待政策保障》专题调研。双流县人民政府县长森林对《关于现代农业园区建设的调查与对策探讨》批示："该篇调研文章，对我县现代农业园区建设进行了深入的调查研究，客观评价了取得的成效，较为深入地分析了存在的问题，并提出了可行性对策建议，有较强的针对性、借鉴性和有效性……请农业系统相关部门学习借鉴，并积极改进工作。"社员蒲光树撰写《关于现代农业园区建设的调查与对策探讨》的调研报告刊登在县委办2008年6期《决策与参考》。

2009年，社县委完成《农民集中居住与社区管理的调查与建议》《双流县民营医疗机构的现状及发展策略》，胡月明撰写《预防性卫生监督工作中存在的问题》等调研报告；社县委向社市委提交《关于农村基层民主政治建设的调查与思考》，主委蒲光树代表社市委在政协第十三届成都市委员会第三次全会上就此内容作大会发言，并被社市委作为全国政协提案提交全国政协十一届三次会议。社员李英杰了解到清代大学问家刘沅的故居就在双流县彭镇羊坪村，于是组织社县委、东升支社社员到羊坪村开展组织活动，请刘沅后人讲"槐轩文化"及国学，并对羊坪村新农村建设及葡萄产业发展进行调研。形成《为都市观光农业注入国学精神——关于彭镇羊坪村万亩葡萄园建设的几点建议》专题调研报告。中共双流县委书记高志坚批示："向九三学社双流委员会表示谢意。文中不乏合理之处，不仅对羊坪村新农村建设有意义，而且对双流提升文化建设也有积极意义……羊坪村要走'一、三产业'互动发展的路子，才可持续。"社员蒲光树在西街办龙港社区调研时，龙港社区两委及部分集中居住的农民代表反映，该社区有近百间商铺闲置，社区失地农民想租用，由于社区与县政府所属的西航港开发投资公司产权不明晰而无法租用。鉴于此，社员蒲光树撰写《关于龙港社区商铺处理的几点建议》呈送中共双流县委书记，推动该问题的彻底解决。5月，社员蒲光树撰写《关于农民集中居住与社区建设管理的调查》报社市委。

2010年，社县委就"环境保护、医疗卫生体制改革、农业产业结构调整"等问题深入基层、广泛调研，形成《实施垃圾分类收集处置，确保田园城市的优美环境》《建立民营医疗机构健康发展的管理与运行机制》《以创建国家级园林县城为抓手，全力美化空港现代田园大城市》《关于双流冬草莓产业高端发展的思考》等调研报告6份，提出可行性建议意见。胡月明撰写调研报告《贯彻卫生部〈关于切实落实监管职责 进一步加强食品安全与卫生监督工作的意见〉推动卫生监督体系建设保障我县食品卫生安全》《关于"成都九江环保（垃圾）发电厂"设置利弊的调研》。

2011年，到三星镇南新村对农村土地综合整治、充分利用自然资源、组团式规划的创新举措情况深入调研，参观三星镇特色有机草莓园，完成《民间资本进入我县卫生领域的现状调查》《当前人民调解的现状及解决对策》《抢抓天府新区建设机遇 推动双流赶超跨越发展》《依托科技，全面提升双流冬草莓质量》等调研报告。副主委、县卫生局副局长李芳平完成《村卫生站实施药品"零差率"全覆盖的现状与对策》专题调研报告。

2012年，社员李芳平、邱平、钟朝晖等通过深入调研，撰写《双流县艾滋病疫情现状及防控对策》《关于天府新区绿地建设的调研与思考》等专题调研报告。

3月，社员干大木根据双流冬草莓产业发展特点及存在问题，撰写《双流冬草莓产业振兴计划三年行动方案》得到县政府的重视，县委办公室和县人民政府办公室联合行文，发出《双流冬草莓产业振兴计划三年行动方案》（双办发〔2012〕36号）文件。

5月25日，组织社员调研天府新区双流区域生态绿地建设情况。在县城乡园林绿化管理局负责人陪同下，社员实地察看龙泉山生态恢复和综保区生态绿化情况；观看县城乡园林局工作纪录片，听取樊明建局长关于园林绿化建设的工作通报。社县委针对该工作提出"强化城乡园林绿化管理局规划、建设、管理职能，依法行政，归口履职；支持城乡园林绿化管理局队伍建设，引进专业人才，提升生态绿地规划、建设、管理水平；高水平、高标准规划建设天府新区生态绿地，特别要高度重视二、三产业园区生态建设；加强原有生态绿地资源的保护与利用"的建议。胡月明提交《关于政府"建设项目并联审批"工作中不能缺省"卫生行政预防性审查"的建议》受到县政府高度重视，并于2012年将该项工作纳入双流县人民政府《双流县建设项目并联审批实施办法》。

社县委根据成都市"统筹城乡综合配套改革实验区建设、社会主义新农村建设"等重点工作，把统筹城乡发展、新农村建设、农民集中居住等确定为重点调研课题，通过实地调研、走访了解，形成《统筹城乡发展的难点与重点》《社会主义新农村建设应该注意的几个问题》《关于农民集中居住与社区建设管理的调查与思考》等调研报告，受到市县领导的高度重视。

2013年，社员彭锦通过调研，撰写《不正之风背后的体制机制制度研究》调研报告。

第二章　参政议政人选

第一节　实职安排

夏仕蓉（1987—1998）政协第四、五、六届双流县委员会副主席
蒲光树（2003.1—2012.3）双流县第十五、第十六届人大常委会副主任
　　　（2012.3至今）政协第十届双流县委员会副主席
邱　平（2004.4—2012.3）县林业局副局长、县城乡园林绿化管理局副局长
李芳平（2007.3至今）县卫生局副局长
钟朝晖（2012.2—2012.12）正兴镇副镇长
　　　（2012.12至今）县城市管理局副局长

第二节　政治安排

一、人大代表

九三学社双流基层组织任历届市、县人大代表共有21人：

夏仕蓉（1988年）成都市第十一届人大常委
　　　　（1993年）成都市第十二届人大常委
张正明（1993年）双流县第十三届人大代表
　　　　（1998年）双流县第十四届人大代表
　　　　（1998年）成都市第十三届人大代表
龚文贤（2003年）双流县第十五届人大代表
　　　　（2007年）双流县第十六届人大代表
　　　　（2003年）成都市第十四届人大代表
　　　　（2008年）成都市第十五届人大代表
李刚伟（1998年）双流县第十四届人大代表
　　　　（2003年）双流县第十五届人大代表
周嗣铨（1984年）资中县第八届人大代表
蒲光树（2003年）双流县第十五届人大代表、常委会副主任
　　　　（2007年）双流县第十六届人大代表、常委会副主任
侯利蓉（2007年）双流县第十六届人大代表
钟　林（2007年）双流县第十六届人大代表
彭　锦（2012年）双流县第十七届人大代表
胡月明（2002年）双流县第十五届人大代表
何新蓉（2006年）双流县第十六届人大代表
李芳平（2002年）双流县第十五届人大代表
王功玉（2012年）双流县第十七届人大代表
郭翠琼（2012年）双流县第十七届人大代表
山琳霞（2012年）双流县第十七届人大代表
　　　　（2013年）成都市第十六届人大代表
干大木（2012年）双流县第十七届人大常委
白玉琳（2007年）双流县第十六届人大代表
　　　　（2012年）双流县第十七届人大代表

白茹雪（2007年）双流县第十六届人大代表
夏中琼（2007年）双流县第十六届人大代表
　　　（2008年）成都市第十五届人大代表
苏　东（2012年）双流县第十七届人大代表
　　　（2013年）成都市第十六届人大代表
李婷艺（2013年）双流县第十七届人大代表

二、政协委员

九三学社双流县基层组织任历届市、县政协委员共25人：
夏仕蓉（1982年）政协第二届双流县委员会委员（1982年增补）
　　　（1984年）政协第三届双流县常委
　　　（1987年）政协第四届双流县委员会委员、副主席
　　　（1990年）政协第五届双流县委员会委员、副主席
　　　（1993年）政协第六届双流县委员会委员、副主席
蒲光树（2003年）政协第十二届成都市委员会委员
　　　（2008年）政协第十三届成都市委员会委员
　　　（2012年）政协第十届双流县委员会委员、副主席
　　　（2013年）政协第十四届成都市委员会委员、常委
邸　平（1998年）政协第十二届成都市委员会委员
　　　（1998年）政协第七届双流县委员会常委
　　　（2002年）政协第八届双流县委员会常委
　　　（2007年）政协第九届双流县委员会常委
龚文贤（1998年）政协第七届双流县委员会常委
　　　（2002年）政协第八届双流县委员会常委
侯利蓉（1993年）政协第六届双流县委员会委员
　　　（1998年）政协第七届双流县委员会委员
　　　（2002年）政协第八届双流县委员会委员
胡月明（2002年）政协第八届双流县委员会委员
　　　（2007年）政协第九届双流县委员会委员
　　　（2012年）政协第十届双流县委员会委员
黄志茹（2012年）政协第十届双流县委员会常委
钟　林（2012年）政协第十届双流县委员会常委
孙　涛（2012年）政协第十届双流县委员会委员

何新蓉（2012年）政协第十届双流县委员会委员
李芳平（2002年）政协第八届双流县委员会常委
　　　（2007年）政协第九届双流县委员会常委
　　　（2012年）政协第十届双流县委员会常委
山琳霞（2007年）政协第九届双流县委员会委员
钟朝晖（2007年）政协第九届双流县委员会委员
　　　（2012年）政协第十届双流县委员会常委
　　　（2013年）政协第十四届成都市委员会委员
卢建刚（1987年）政协第四届双流县委员会委员
　　　（1990年）政协第五届双流县委员会委员
　　　（1993年）政协第六届双流县委员会委员
魏知常（1990年）政协第五届双流县委员会委员
　　　（1993年）政协第六届双流县委员会委员
　　　（1998年）政协第七届双流县委员会委员
潘泽恩（1990年）政协第五届双流县委员会委员
　　　（1993年）政协第六届双流县委员会委员
　　　（1998年）政协第七届双流县委员会委员
　　　（2002年）政协第八届双流县委员会委员
　　　（2007年）政协第九届双流县委员会委员
王洪旭（2002年）政协第八届双流县委员会委员
李英杰（1998年）政协第七届双流县委员会常委
　　　（2002年）政协第八届双流县委员会常委
　　　（2007年）政协第九届双流县委员会委员
　　　（2012年）政协第十届双流县委员会委员
干大木（2002年）政协第八届双流县委员会常委
　　　（2007年）政协第九届双流县委员会常委
易世福（1998年）政协第七届双流县委员会委员
　　　（2002年）政协第八届双流县委员会委员
　　　（2007年）政协第九届双流县委员会委员
张启良（2002年）政协第八届双流县委员会委员
　　　（2007年）政协第九届双流县委员会委员
赵　晓（2007年）政协第九届双流县委员会委员
　　　（2012年）政协第十届双流县委员会委员

苏　东（2007年）政协第九届双流县委员会委员
　　　　（2012年）政协第十届双流县委员会委员
刘　力（2012年）政协第十届双流县委员会委员
刘建军（2012年）政协第十届双流县委员会委员

第三节　特邀监察员、监督员

九三学社双流县基层组织社员任特邀监察（督）员共8人：

卢建刚（1993年）双流县人民政府特约监察员

张正明（1998年）双流县人民政府特约监察员

李英杰（2000年）双流县人民政府第三届特邀监察员
　　　　（2007年）双流县人民政府第五届特邀监察员
　　　　（2003—2008年）县环保局、城管局行风监督员
　　　　（2012年）双流县人民政府第六届特邀监察员
　　　　（2012年）县人民检察院特邀监督员
　　　　（2013年）县人民法院行风监督员

胡月明（2007年）双流县人民政府第五届特邀监察员
　　　　（2012年）双流县人民政府第六届特邀监察员

李芳平（2003—2007年）双流县人民政府第四届特邀监察员，县人民检察院人民
　　　　监督员

邱　平（2000年）双流县人民政府第三届特邀监察员
　　　　（2003—2007年）双流县人民政府第四届特邀监察员

干大木（2008—2012年）双流县人民政府第五届特约监察员

钟　林（2008年9月）县规划管理局规划监督员

第五篇　社会服务

社会服务是民主党派发挥智力优势、服务地方发展的重要工作。二十年来，九三学社双流县基层组织紧紧依托社员中的科技、医卫、教育、农林水电等方面的人才智力资源，扎实开展社会服务工作，取得较好的成效，扩大了九三学社的影响，树立了九三学社服务社会、服务基层的良好形象。九三学社双流县基层组织通过农业先进实用生产技术培训，支持农业产业化发展，科技扶贫；送医下乡，建立基层医疗机构对口培训帮扶机制；大力传播、宣传、普及科学知识和卫生保健知识，开展国际科学与和平周活动，以实际行动诠释着九三学社的宗旨之———"科学"。

在社会服务工作中采取有力措施：一是有队伍。建立社会服务的专家工作组，结合本职工作，落实专人负责社会服务的计划、实施等具体工作。二是有目标。制定科技帮扶计划，确定社会服务的目标任务。三是建立长期帮扶基地。

第一章　科技服务

第一节　农业先进实用生产技术培训

1992—1999年，社员夏仕蓉、魏知常、陈明复长期在农村对农民群众进行优质水稻、杂交水稻、优质小麦种植和合理配方施肥先进实用技术培训，培训形式有县级培训、乡镇级培训、农校培训。硅肥在杂交水稻上的应用技术在全县大力推广，社员夏仕蓉等人到全县各乡镇培训农技人员，深入到村、到生产队具体指导，召开现场会具体落实该项技术，促进粮食增产，农民增收。

2001年，组织社员夏仕蓉、魏知常、陈明复、黄文栋、干大木、赵晓等农业技术专家到县内各乡镇开展农业先进实用生产技术培训工作。主要培训技术内容：枇杷新品种——大五星快速整形技术，双流冬草莓标准化生产实用技术。是年，全县新发展大五星枇杷7.8万亩，定干350万余株。全年实施冬草莓标准化栽培技术2.5万亩，建立核心示范区8个，面积8000亩。当年全县冬草莓产量提高3%，优质果率68%，品质明显提高。全年累计培训农民2万多人次，发放农业科技书籍资料2万多本（份）。

2004年，社员干大木、赵晓参加九三学社成都市委组织的科技下乡活动，到金堂县淮口九龙村进行农业技术培训。针对金堂县淮口九龙村地处丘陵严重缺水、土地瘠薄的问题，结合当地气候条件，为当地村民提出了科学的建议：一是打深井水，打蓄水池；二是选择种植耐旱、耐瘠薄的树种，如核桃、柑橘等；三是为所选树种提供栽培技术。年末，全村共建深井2口、蓄水池5口，种植核桃1.8亩、柑橘20亩。支社主委蒲光树、副主委邱平、社员李英杰、侯利蓉等到九三学社双流支社的联系点永兴镇参加科技帮扶、培训活动。社员干大木、赵晓在永兴镇大树村就草莓、枇杷田间管理对帮扶的40多位农户进行了2~3次技术培训。主要培训内容：

1. 冬草莓标准化栽培技术；
2. 枇杷标准化栽培技术；
3. 水果病虫草害防治技术。该年全村发展冬草莓850亩，实施标准化技术栽培面积550亩，全村240亩枇杷全部实施标准化生产。

2005年，支社在永兴镇、兴隆镇、籍田镇开展科技培训，主要培训技术内容：枇杷标准化栽培技术；枇杷保花保果技术；草莓标准化栽培技术；冬草莓疏花疏果技术等。2005年，全县枇杷亩产量达450公斤，较上年亩增产12公斤，品质明显提高。草莓标准化示范顺利通过国家技术监督总局验收。同时，双流县冬草莓被列为国家地理标志保护产品。全年共培训农村干部、农民群众2100多人次，发放科技资料3000多份，送化肥2吨。

2009年，加强对社县委科技帮扶联系点永兴镇大树村对口帮扶工作和种植技术培训。主要培训技术内容：继续重点开展枇杷、草莓标准化栽培技术、病虫草害防治技术培训。通过多次培训，村民已能了解、掌握枇杷、草莓的特征特性，病虫草害发生、发展的规律性和防治方法。全年共培训农民2000多人次。

2010年，支社组织社员到合江镇、籍田镇、永兴镇开展培训，主要技术要点：草莓、枇杷、梨子等水果的有机栽培技术。培训转变了广大果农的种植观念，他们从重视产量到重视质量，使双流县的农业生产从传统农业向现代农业、精品农业发展。全年共培训农民1500人次。

2011年，支社继续搞好永兴镇干塘村科技帮扶基地建设，开展科技培训，主要培训技术内容：草莓、枇杷有机生产技术；双流冬草莓产业提升技术。大大提高农民对农产品质量安全的认识，2011年全县没发生一起质量安全问题。全年共培训果农350人次，发放科技资料1000多份。

2012年，社员干大木、赵晓在永兴镇、兴隆镇开展技术培训：各种水果的标准化技术应用；农药安全使用准则；双流冬草莓产业提升技术；新型集体经济组织规范化建设等。2012年双流冬草莓产业振兴行动取得很好的经济效益。省、市、县有关领导和部门到双流视察、调研。全年共培训农技人员300余人，培训农民3000余人次，发放资料20000多份。

第二节　农业产业化技术支持

九三学社双流县基层组织专门组织社员对双流县农业产业化发展实施技术支持，为双流县农业经济发展和广大农民增收致富作出了积极重要的贡献。

一、技术支持粮油生产优质高产

社员夏仕蓉、魏知常、陈明复等长期从事农业生产技术推广工作。他们选育的水稻82-4-38、小麦川育8号、甘兰型油菜西南302等粮油新品种得到大面积推广种植。主研的秋洋芋稻草覆盖免耕栽培配套技术、旱育秧技术、小麦免耕栽培技术、小麦稻草覆盖栽培技术、杂交稻间种高杆糯稻栽培技术、成都地区冬小麦高产栽培九九模式技术、稻茬麦免耕露播稻草覆盖高效简化栽培技术、秋大豆栽培技术、西瓜后作晚稻配套技术、硅肥在杂交水稻上的研究与应用、土壤改良与科学施肥配方施肥技术等粮油生产技术得到大面积推广运用；同时，还大力推广杂交水稻、V24小麦和以粮为菜的秋大豆、秋洋芋种植技术。2011年至2012年，为解决农村劳动力成本增加，导致粮油生产效益降低的现状，社员赵晓积极参与推广油菜机播机收的全程机械化示范和水稻旱育机插机收技术示范，共计面积15000亩，带动全县粮油种植基本达到机械化水平。

2010—2013年，社员赵晓、干大木参与建设"千斤粮万元钱"的"稻—莓"和"菜—稻—菜"型的粮经连作高效示范片。在粮食生产上推进粮食规模生产，在粮食主产镇推广由农业合作社、涉农企业为主的粮食规模经营。四年来建设面积达30000余亩，这一粮食生产模式既保证了粮食安全，又增加了农民收入。

二、技术支持冬草莓产业发展

社员干大木是双流冬草莓栽培技术高级专家，为双流冬草莓产业的发展、农民的增收致富作出了重大贡献。他主研的草莓促成栽培技术、南方型草莓优质高产关键技术、优质冬草莓标准化生产技术、绿色农产品（冬草莓）生产技术规程在冬草莓产区得到大面积推广运用；制定的"双流冬草莓生产技术规程"和"双流冬草莓质量标准"是双流农业标准化、产业化的首创；引进草莓新品种"丰香""红颜"，成为冬草莓产区的主栽品种；提出的冬草莓产业由双流东部向西部转移的建议，得到县委、县政府的高度重视。在彭镇、金桥镇试种成功的基础上，县委、县政府制定了2013—2015年在"双黄路（双流东升镇至黄龙溪）"和"成新蒲快速道路"双流区域冬草莓栽种成为重点产业的规划；指导帮助1500

亩冬草莓标准化生产示范基地建设和21家专业合作社、2家草莓农场、3家草莓农庄、3家草莓生产公司等新型集体经济组织发展壮大。

三、技术支持梨子产业发展

2007年至2010年，社员赵晓、干大木、邸平、侯利蓉等指导和帮助籍田镇果业专业合作社引进香水梨、蜜雪梨早熟新品种，培训和支持合作社正确使用绿色农产品（梨子）生产技术规程；支持建设有机梨子生产基地1150亩，帮助籍田镇梨子产业不断发展壮大。在2008年成都市伏季水果鉴评会上，双流县籍田果业专业合作社生产的丰水梨以其优良品质获得一等奖。同时，还在种养循环示范点的建设中给予合作社成员管理上、技术上、实施上的指导，带动他们充分利用养殖场沼气发酵后的生态肥，通过管道输入作物种植田块，并以此形成现代农业种植所特有的"种养循环"新模式。

2009年，社员赵晓指导胜利镇桂花村开展"农业部梨子标准园"创建，使胜利镇牧山香梨种植专业合作社通过三年的努力，"农业部梨子标准园"于2012年通过验收。

四、技术支持枇杷产业发展

社员赵晓、干大木主研的枇杷优质丰产栽培技术和绿色农产品（枇杷）生产技术规程，如枇杷疏花、疏果、套袋及冬季防冻技术等，在双流近万公顷枇杷主产区得到广泛推广运用，特别对双流枇杷生产龙头企业——宗富果业的发展技术支持很大。为全县枇杷产业的发展提供了重要的技术支撑，双流枇杷在全国享有盛誉。

第三节　农村科技帮扶

一、制定科技帮扶工作职责

1. 负责制定年度种植计划，配套科学的技术方案。
2. 推广良种良法，负责新品种、新技术的引进和试验，并向种植户示范推广。
3. 负责帮扶基地农业技术培训、技术指导、技术咨询。
4. 重点对种植大户、特困户作好科技帮扶工作。
5. 推进农业的产业化进程，推广标准化生产技术，提高竞争能力，促进农业增效、农民增收。

二、开展科技帮扶活动

1997年11月，支社送衣物138件到永兴镇；随后又参加县上组织的助学活动，到永兴、合江困难学生家中看望，送书籍等。

2004年，支社设立"农村科技扶贫项目"，成立科技帮扶工作组。对籍田、永兴等镇5户特困户实施科技扶贫。在农业基础设施建设方面，筹资6000元为张修贵等农户修建微水抗旱池，购置抽水机具；筹资9000元为陈树中、谢中良等农户购买农药、复合肥，购买鱼饲料和鱼苗。对近50户示范户进行食用竹笋、草莓、枇杷等农作物栽培技术指导。在永兴镇大树村，向农户分发草莓叶面肥，发放农业科技资料100多份，并开展枇杷、草莓田间管理现场指导和技术培训。

2005年，支社在永兴镇大树村建立"九三学社双流支社科技帮扶点"，继续在永兴镇、兴隆镇、籍田镇开展科技扶贫活动。通过科技帮扶，永兴镇重点贫困户陈树中已基本脱贫。

2006年，支社将成都市永耀生态有限公司确定为科技帮扶企业，对该公司治理畜禽粪便污染给予技术指导，年治理量达万吨以上，并为农业生产提供有机肥5000吨以上。

2010年，社县委重点帮扶永兴镇干塘村佘仕伟、韦敬春两户困难户，免费为其提供复合肥2吨。社员干大木、赵晓等农业专家重点帮助，通过科技帮扶使两个家庭基本脱贫致富。

2011年，与成都市艺海美地农业技术有限公司建立长期科技帮扶合作项目，在兴隆镇跑马埝村发展现代农业，帮助该公司制定规模化、标准化种植冬草莓发展规划，培训企业职工及农民工280人次。筹集6000元资金，为该公司农业项目安装太阳能杀虫灯。

三、参与"九广合作"活动

九三学社面向社会，利用自身的科技优势积极开展科技服务、支边扶贫活动，以"九广"（九三学社四川省委与广元市）、"九临"（九三学社山西省委与山西临汾市）、"九通"（九三学社内蒙古区委与内蒙古通辽市）三个科教合作区为重点，为老、少、边、贫地区的经济建设和社会发展提供有力支持。

"九广合作项目"是九三学社四川省委对四川省广元市的帮扶项目。广元是革命老区，大部分贫困山区经济落后、发展缓慢，人民群众缺医少药，为此，九三学社四川省委将其列为重点帮扶对象，与广元市建立了长期稳定的科技扶贫协作关系。1986年以来，九三学社四川省委与广元市政府多次签订科技帮扶合作协议，至今已27年。九三学社举全社之力支援广元，从中央到地方累计组织援广专家、教授、技术人员、企业家达300余批1800人次，推荐科技经济项目1600多项，实施工、农、医、科、教等合作项目360项，培训各类人员上万人，协助落实项目资金近10亿元，组织发动社内各级组织和个人捐资捐物助学扶贫折合资金1000多万元。

根据九三学社四川省委及成都市委安排，2003年九三学社双流支社参与支边扶贫活动。支社特请成都卫校双流分校、双流县妇幼保健院、双流县第一人民医院部分教师及医学专家会同成都中医药大学等单位的专家教授，奔赴四川省广元市，对该市300余名医药卫生技术人员进行了为期三天的业务培训。

九三学社双流县支社接受任务后，高度重视，精心组织，挑选支社社员副主任医师李英杰、高级讲师李芳平等六人组成讲师团，于2003年10月20—23日，由九三学社双流县支社主委、双流县人大常委会副主任蒲光树带队，赴广元革命老区，为当地卫生技术人员进行执业医师全国统考考前系统强化培训。主讲学科包括生理、生化、病理、药理、微生物、免疫、诊断、内科、儿科、妇产科等，受益面遍及广元市各级医疗机构，听课人次达300多。

如今，"九广合作项目"已从单纯的支边扶贫逐步向经济、社会、生态领域扩展延伸。

第四节　科技下乡

1996年12月中央宣传部、国家科委、农业部、文化部等十部委联合下发《关于开展文化科技卫生"三下乡"活动的通知》，并从1997年开始正式实施。国家把发展经济、建设小康和扶贫攻坚结合起来，为农村中心工作服务，为农民致富服务；"三下乡"活动中的科技下乡包括科技人员下乡、科技信息下乡、开展科普活动等。九三学社双流县基层组织社员积极参加此项活动。

1993—2000年，九三学社双流县基层组织人员较少，但还是根据情况组织社员或依托社员所在单位开展工作，到黄甲、胜利、九江、三星、大林、合江、兴隆、永安、籍田、文星、煎茶等乡镇开展此项活动，开展科普宣传，发放农业生产新技术资料，进行农业科技咨询服务等。

2001年3月19日，支社到文星镇开展农业科技下乡活动。农技专家夏仕蓉、魏知常、干大木等社员向群众发送《梨园防病规范化技术》《草莓促进栽培技术》《竹笋丰产技术》《枇杷建园及栽培技术》等资料近1000份。

2002年12月，支社到黄甲镇开展科技下乡活动，开展科普宣传，科技咨询，发放农业技术资料1800份。

2005年，参加县委统战部组织的民主党派"送科技下乡，送医送药"活动，支社组织从事医疗、卫生保健、农业、药业、水电科技工作的12名社员参加。

2006年，支社到永兴镇、籍田镇科技下乡活动中，咨询服务98人次，发放技术资料2000多份。

2007年，支社到黄水镇开展科技下乡活动。

2009年，组织社员中的书画艺术家开展"迎新春送文化下乡"活动，到乡镇上为村民写春联，画年画。到永兴镇大树村开展送科技下乡活动，发放农业种养殖技术资料1000份。

2010年，分别在永兴、兴隆、籍田等镇送文化、送科技下乡，进行农业技术咨询服务，咨询189人次，发放资料3600份。

2011年，在永兴镇、兴隆镇等地的科技下乡中，培训农民3000余人次，发放资料20000多份。

2012年，在彭镇羊坪村建立科技、卫生、文化下乡帮扶点，把羊坪村作为重点帮扶对象。在三星镇南新村开展农业科技知识宣传和实用技术培训，发放农业生产实用技术手册500份，发放卫生保健知识手册300份。

第二章　医疗卫生服务

第一节　义诊活动

1993—2000年，支社每年在农村五月抢收抢种期间，组织或派出社员中的医务工作者参与义诊活动。其中：1995年5月，支社派出4人参加县委统战部组织的各民主党派著名医学专家和名医送医送药下乡活动，到本县合江乡开展义诊服务，就诊病人200人次以上。1997年5月，支社派出社员中的医务人员4人，与川医支社、中医学院支社和市三医院支社专家、教授10余人一起，参加九三学社成都市委组织的送医送药到永兴镇的义诊活动，诊断病人250人次以上。

2001年，社员李英杰、潘泽恩、张光裕等儿科、妇科、中医、皮肤科等专业技术人员到文星镇义诊，开展春季防病健身知识咨询服务，咨询服务102人次。

2005年，到煎茶镇开展义诊、送医送药，开展科技培训等活动。

2006年，在永兴、籍田镇医疗卫生下乡2次，义诊100余人次。

2007年，在黄水、彭镇、永安等镇开展医疗义诊、送药下乡、健康咨询等活动。

2009年，在永兴镇篁筱新村卫生站开展送医送药活动。

2010年，社员中的儿科、内科、体检科、理疗科、放射科、妇幼保健科等专家医生分别在彭镇羊坪村、永兴、兴隆、籍田等镇送文化、送科技下乡和医疗义诊活动4

次，发放一般疾病防控、食品卫生、职业病防治、妇幼保健宣传资料800份；帮助建好兴隆镇瓦窑村村卫生室。

2011年，开展科技下乡和医疗义诊服务两次，提供6000余元的免费药品。

第二节 基层卫生院帮扶工作

2008年，在永兴镇篁筱新村卫生站建立医疗下乡服务点，培训乡村医生，形成对口联系帮扶机制；为篁筱新村卫生站争取8万元资金用于基础设施建设，并捐赠了诊断床、心电图机、显微镜等设备。

第三节 其 他

在医疗卫生服务活动中，九三学社双流县基层组织充分发挥自身的特长与优势，组织和鼓励社员爱岗敬业，积极进取，在本职工作中，充分运用自己的智慧和技术服务社会和民众。

2001年，社员易世福主研的"双流县血吸虫病传播控制策略研究"科技成果获县人民政府科技进步一等奖，对控制双流血吸虫病的传播起到了很好的指导作用。社员李英杰、潘泽恩合作完成了"结肠透析治疗重症胰腺炎的临床研究"科研成果，并在《中华医学研究》杂志上发表科研论文《中药结肠透析治疗重症胰腺炎并腹水23例报告》，为临床治疗重症胰腺炎提供了可靠而有效的指导，受到国内医学界的高度关注。

2002年，社员潘泽恩的医学论文《运用张仲景引导法治疗急性重症胰腺炎初探》被《第二届柏林国际医学优秀科技论文选编》收集，《肝痈治验》被《中华医学优秀学术成果文选》收集。

2005年，社员李英杰完成了"农村儿童HP感染"的课题研究，并在《中国全科医学》杂志上发表科研论文《119例农村儿童HP感染调查》；社员潘泽恩完成了"米非酮配合中医中药治疗异位妊娠"课题研究，并在《四川医学》杂志上发表科研论文《米非酮配合中医中药治疗异位妊娠48例分析》。社员胡月明积极组织专业技术人员，对县域内的大学、中学具体负责人进行培训，使"学校食品卫生监督量化分级管理办法"得到有效贯彻落实，防止了食源性疾病在学校的发生。由此，县教育局和县卫生局被成都市评为先进集体，胡月明被评为"学校食品卫生监督量化分级管理工作先进个人"。

2010年，社员夏中琼撰写的《米索前列醇治疗顽固型产后大出血效果的初探》《米非司酮配伍米索阴道联合用药于12~14周终止妊娠引产效果的探讨》两篇学术论文，在省内外妇产科专业学术界产生了重大影响。

第三章　其他社会服务

第一节　开展"国际科学与和平周"活动

九三学社双流县基层组织在每年的"国际科学与和平周"活动期间，通过科普宣传、科技培训、送科技送医药下乡、义诊等活动传播科技，服务民众，让更多的人了解科学，掌握技术，发展经济，科技强国，繁荣祖国，维护和平。

2005年，在第17届"国际科学与和平周"活动期间，以"构建和谐社会，促进经济发展，维护世界和平"为主题，支社在永兴镇开展活动。社员干大木、赵晓等对永兴镇100多名镇村干部和种植大户进行了"科学合理使用化肥""科学合理使用农药"等农业生产中肥料、农药科学使用的技术培训。倡导有机肥和化学肥料的科学搭配，传授低毒高效的防治技术，并发放了农业科技资料。

2010年，在第22届中国"国际科学与和平周"活动期间，以"绿色、低碳、健康、和谐"为主题，社县委组织社员中的农业、医卫等方面专家，到永兴、兴隆、三星、合江等镇开展科普宣传、科技培训和医疗义诊活动。此次活动包括义诊、健康教育、基层医务、农业科技宣传咨询、专题培训等。义诊300余人次，免费测血糖80余人次，免费体检和发放药品价值3000余元；发放科技资料2000多份，接受咨询400余人次；活动内容强调针对性、实用性和参与性，社员李英杰、赵晋蓉根据基层医务人员工作中经常遇到的诊疗问题，以"小儿惊厥的诊治""气道异物阻塞的初步处置"为题，培训医务人员50余人；社员干大木、赵晓和邀请的农民枇杷专家裴忠富等就枇杷、草莓栽培技术培训农民70余人；为重点帮扶农户送化肥2吨。

2011年，在第23届中国"国际科学与和平周"活动期间，以"弘扬科学精神，承担社会责任，促进和谐发展，共建创新型国家"为主题，社县委组织社员在兴隆镇瓦窑村建立新的科技帮扶基地采用现场讲解和发放宣传资料等方式，对种植大户进行"冬草莓质量安全技术""有机生态肥在冬草莓种植中的使用技术"培训。在村卫生站对农村居民进行义诊、卫生保健知识宣传和送药、送卫生宣传画报及资料。

2012年，在第24届中国"国际科学与和平周"活动期间，以"促进科学发展，推动文化建设，共建和谐世界"的主题，社市委和社县委在棠湖公园激情广场开展活动。社市委主委、市政协副主席戴晓雁，社市委副主委、秘书长张平，社县委主委、县政协副主席蒲光树等市、县领导参加活动。本次活动主要开展爱心义诊、卫生保健、法律咨询及农业、林业、水务科技咨询等服务活动。

社县委的卫生、农业、法律方面的社员就农业科技创收、食品药品安全、法律维权、健康与防病等进行咨询服务。此次活动义诊260人，发放《农民增收教育工程技术篇》《农民增收工程法律法规篇》400余册，《食品药品安全使用手册》300余册，《节水与供水及水务职能》《法律知识》宣传资料2500余份，为群众解答科技创收、食品安全、健康保健、法律法规等问题150余人次。

第二节 抗震救灾活动

2008年，"5·12"汶川特大地震发生后，面对突如其来的灾难，支社社员积极参与抗震救灾工作，尽情奉献人间大爱。

5月19日下午，支社在炬星宾馆开展组织生活活动，为"5·12"汶川特大地震灾区捐款，共计2.71万元。其中，成都康弘集团公司副总裁、社员龚文贤捐款1万元。

抗震救灾中，社县委主委、县人大常委会副主任蒲光树到都江堰市安置点看望慰问参与抗震救灾的社员；副主委、县卫生局副局长李芳平参与都江堰紫坪埔、彭州龙门山、什邡等地抗震救灾活动，连续两天两夜指挥调集车辆，组织转移安置和伤员救治转诊，指挥都江堰首批安置点医务室的建设；副主委、县城乡园林局副局长邸平参与都江堰市蒲阳镇等安置点基础设施建设、安置点绿化等工作；委员胡月明坚守在都江堰市蒲阳镇、灌口镇和双流县黄水镇、黄龙溪镇等受灾群众安置点，对食堂建设进行卫生技术指导和食品卫生监督；社员刘建军自购矿泉水、方便面、饼干等物品送到汉旺、青川、北川等重灾区群众手中；副主委、县一医院儿科专家李英杰，利用休息时间到双流县九江镇地震灾区儿童安置点——安康家园，为来自灾区的儿童义诊；社员周旭英在都江堰市中医院、彭州市银厂沟等灾后防疫点参与消毒杀菌灭菌工作，工作出色，分别被省、市、县委评为"抗震救灾先进个人"，社员李芳平被政协双流县委员会评为"抗震救灾先进个人"。社县委被社省委评为"九三学社四川省抗震救灾先进集体"。

6月27日，支社在炬星宾馆召开"5·12"汶川地震灾后重建座谈会。会上通报了双流县灾后经济发展现状，学习了县委、县政府关于灾后重建的有关政策。社员围绕地震灾后双流县经济和社会发展重点，提出多条有参考价值的建言献策报社市委。

2013年，"4·20"雅安芦山地震后，社县委赓即组织抗震救灾捐款活动。社员们关心在"4·20"地震中受伤的同胞，社县委主委蒲光树、副主委邸平来到华西医院地震创伤重症病房,看望在雅安芦山"4·20"地震中受重伤的10岁女孩黄思怡,同时送去爱心捐款9250元。社县委主委蒲光树在详细了解黄思怡的病情和家庭情况后,代表社县委全体社员希望她早日康复,重返课堂。

第三节 其 他

一、爱心活动

1996年1月,社员王正尧和马万才代表支社参加县委统战部组织的春节赠写春联活动。

11月,支社部分社员代表支社参加县委统战部组织的助学活动,到永兴、合江困难学生家中看望,送去学习用具,送去衣物120余件。

1998年,支社为东升镇洪灾受灾群众捐款800余元。捐献衣物133件送到永兴乡政府。

2007年7月,社员苏东在成都金牛宾馆组织发起创办企业家"爱心讲堂"活动,所收的学费14余万元捐助给双流县对口扶贫县阿坝州壤塘县,用于治疗地方病"大骨结病"的专项经费。

2009年1月,社县委组织社员中的书画家开展"迎新春送文化下乡"活动,为丘陵地区群众写春联,受到好评。

4月27日,参与对口支援金堂县淮口第二小学创建"爱心书屋"的活动,东升支社、华阳支社、西航港支社的社员共捐书291本、光碟29张,价值3763元。

8月,全体社员向"莫拉克"台风灾区台湾同胞捐款5000元。

同年,社员李英杰调研大林镇水池小学有一百多名留守儿童的情况,资助1名四年级特困留守儿童小学三年的学费和生活费,共6000元,帮助他完成小学学业。

2010年,社员李英杰通过博客向社会救助,共捐款10000余元帮助家庭困难的脑瘫患儿吴泽皓。同时积极向有关部门反映,寻求县民政局、县红十字会、县残联和县关工委支持,筹集30000余元解决其第一期手术费用。2012年和416医院协调,免去该患儿第二期手术费1.6万元,现在患儿已进入康复期。李英杰还协调双流县第一人民医院为前来就诊的所有残疾儿童免去挂号费,可因病直接就诊。

二、文艺活动

(一)演出节目

2003年9月,支社组织社员胡月明、周旭英参加"九三学社成都市委合唱团"活动，在九三学社成立六十周年（社市委）庆祝活动和在中华人民共和国成立60周年大庆活动中演出。

社员李亭艺参加社市委的"迎新春文艺汇演"活动，表演女声独唱《飞雪迎春》等歌曲。

2004年9月，支社组织社员参加"迎中秋庆国庆"庆祝活动，并参加文艺演出。社县委组织社员在县委、县政府主办的社会各界人士"迎中秋庆国庆"大型庆祝活动中参加文艺演出。

2009年9月，在棠湖宾馆会议厅，表演男声小合唱《歌唱祖国》《黄河大合唱》，配乐诗朗诵《献给祖国》，女声独唱等节目。

2010年9月，在棠湖宾馆会议厅，表演女声独唱《双流我可爱的家园》，配乐诗朗诵《花好月圆》。

2011年9月，在川投宾馆宴会厅，表演女声独唱《望月》。

2012年9月，在川投宾馆宴会厅，表演男女声二重唱《共和国选择了你》，参与县委统战部牵头的各民主党派联合表演的配乐诗朗诵《又是秋天》。

（二）参加表演的社员

女声独唱：李亭艺

配乐诗朗诵：程琢玉、白玉琳、李英杰、阳俊伟、谭国庆

男生合唱：钟林、李英杰、蒲飞、张明辉、彭军、徐康、阳俊伟、李风杉

人　物

一、九三学社中央历届领导班子名录

（一）九三学社成立大会（1946年5月4日）

理　事：（按姓氏笔画为序）王卓然　许德珩　严希纯　李士豪　吴藻溪　张西曼　张迦陵　张雪岩　孟宪章　涂长望　黄国璋　笪移今　彭饬三　税西恒　褚辅成　潘菽

监　事：（按姓氏笔画为序）卢于道　刘及辰　何鲁　陈剑翛　侯外庐　梁希　詹熊来　黎锦熙

（二）九三学社第一届中央理事会（1950年3月）

主　席：许德珩
副主席：梁　希
常务理事：（按姓氏笔画为序）许德珩　孟宪章　黄国璋　梁　希　薛　愚

（三）九三学社第二届中央理事会（1950年12月）

主　席：许德珩
副主席：梁　希
常务理事：（按姓氏笔画为序）许德珩　孟宪章　黄国璋　梁　希　薛　愚
秘书长：黄国璋

（四）九三学社第三届中央委员会（1952年9月）

主　席：许德珩
副主席：梁　希
秘书长：涂长望

（五）九三学社第四届中央委员会（1956年2月）

主　席：许德珩
副主席：梁　希
秘书长：涂长望

（六）九三学社第五届中央委员会（1958年12月）

主　席：许德珩
副主席：梁　希　周培源　潘　菽　茅以升　涂长望　严济慈
秘书长：孙承佩

（七）九三学社第六届中央委员会（1979年10月）

主　席：许德珩
副主席：周培源　潘　菽　茅以升　严济慈　税西恒　金善宝　卢于道　王竹溪
　　　　柯　召　孙承佩
秘书长：孙承佩（兼）

（八）九三学社第七届中央委员会（1983年12月）

主　席：许德珩　周培源
副主席：周培源　潘　菽　茅以升　严济慈　金善宝　卢于道　柯　召　孙承佩
　　　　徐采栋　郝诒纯（女）　安振东
秘书长：赵伟之

（九）九三学社第八届中央委员会（1988年12月）

主　席：周培源
副主席：孙承佩　徐采栋　郝诒纯（女）　安振东　王文元　杨　櫆　吴阶平
　　　　陈明绍　陈学俊　赵伟之
名誉主席：许德珩　严济慈　茅以升　金善宝
秘书长：李　毅（兼）

（十）九三学社第九届中央委员会（1992年12月）

主　席：吴阶平

副主席：徐采栋　郝诒纯（女）　安振东　王文元　杨　槱　陈明绍　陈学俊
　　　　赵伟之　洪绂曾　金开诚　王　选　黄其兴
名誉主席：周培源　严济慈　金善宝
秘书长：刘荣汉

（十一）九三学社第十届中央委员会（1997年11月）

主　　席：吴阶平
副主席：王文元（常务）　安振东　赵伟之　洪绂曾　金开诚　王　选　黄其兴
　　　　刘应明　闵乃本　谢丽娟（女）　陈抗甫　韩启德
名誉主席：王淦昌
名誉副主席：徐采栋　柯　召　郝诒纯（女）　杨　槱　陈明绍　陈学俊
秘书长：刘荣汉

（十二）九三学社第十一届中央委员会（2002年12月）

主　　席：韩启德
副主席：王　选　陈抗甫（常务）　洪绂曾　金开诚　刘应明　闵乃本　谢丽娟（女）
　　　　冯培恩　贺　铿　王志珍（女）　邵　鸿
名誉主席：吴阶平
名誉副主席：王文元　徐采栋　杨　槱　陈明绍　陈学俊　赵伟之　黄其兴
秘书长：徐国权

（十三）九三学社第十二届中央委员会（2007年12月）

主　　席：韩启德
副主席：王志珍　陈抗甫（常务）　冯培恩　贺　铿　邵　鸿　谢小军　张桃林
　　　　赖　明　马大龙　丛　斌
秘书长：徐国权　邵　鸿

（十四）九三学社第十三届中央委员会（2012年12月）

主　　席：韩启德
副主席：邵　鸿　谢小军　张桃林　赖　明　马大龙　丛　斌　赵　雯（女）
　　　　卢　柯　武维华　印　红（女）

二、九三学社双流县委员会主委及部分社员简介

（一）主委简介

夏仕蓉

夏仕蓉，女，汉族，四川广汉人，1936年出生。1958年西农毕业参加工作，直到1998年，在县农业局从事农技推广工作40年，高级农艺师。1983年加入九三学社，是九三学社双流基层组织创始人之一。1992年担任九三学社成都市委双流县直属小组组长，1993年至2000年11月，担任支社主委。历任双流县政协副主席，成都市人大代表，成都市人大第十一届、第十二届常委会委员。

1982年起，夏仕蓉成为县政协委员，并于1987年当选第四届县政协副主席。夏仕蓉深入农村，开展访问、座谈和专题调研，对市、县政府和部门工作提出意见和建议上百条，大部分被采纳办理回复，许多农技推广方面的建议由县委批转执行，在全县得以广泛推广和应用。

1992年，九三学社成都市委员会双流直属小组成立之初，无场地、无经费，夏仕蓉带领社员定期开展组织生活，把社员的家作为组织生活的场地。1993年成立支社后，社务工作步入一个新的阶段。她积极组织社员开展组织活动，一起学习探讨，一起交流思想，分享工作心得，思考组织建设，带领支社一步步发展壮大。夏仕蓉善于发现身边的人才，为多位成员担任介绍人，将其发展到九三学社中来。她发展的成员遍及农业、医疗、水利等多个领域。

夏仕蓉工作40余年中，参与引进稻、麦、油菜等新品种（新材料）共400余个，从中选择出30余个品种与高产栽培技术配套，在全县大面积推广，使双流县水稻亩产500公斤、小麦亩产300公斤、油菜亩产150公斤的增产目标得以实现。

农技推广推动水稻栽培的三次"绿色革命"。第一次是1965年至1967年，引进矮秆水稻新品种珍珠矮、广场矮和矮子粘。经过试验，栽培技术组装配套，小面积示范成功，在全县大面积推广。水稻亩产由300公斤跃升到400公斤，是一次历史性突破。夏仕蓉被邀请去温江地区农业工作会上传授矮秆水稻高产栽培技术，并写出《矮秆水稻高产技术总结》，于温江地区《水稻高产集》刊物登载。第二次"绿色革命"是杂交水稻汕优2号、V优等品种配套技术的试验、示范和推广。这套技术使水稻亩产上千斤，粮食产量又上一个台阶。第三次"绿色革命"是袁隆平的两系杂交稻的引种。1989年、1992年，夏仕蓉曾两次赴湖南亲访杂交水稻之父——袁隆平，向他取经。在大家的共同努力下，引进两系杂交稻的组合和种植技术在双流县推广。

再生稻栽培技术研究取得突破性进展。1972年至1986年间，担任成都市再生稻

科研协作组组长，进行新品种引进、筛选和科研工作，探索出提高留桩高度至20~25厘米是再生稻成败和稳产、高产的关键技术，并写出再生稻高产技术总结。1986年华南农业大学来函双流县，索要夏仕蓉八年以来的再生稻科研资料，通过农业局寄去。后该校徐雪宾教授专门来信，信中说："你的资料对我写《中国再生稻》一文帮助不小，此文在有关国际会议上宣读了，效果不错，感谢你……"

由夏仕蓉主持培育的优质水稻新品种"82-4-38"于1987年评为四川省优质稻米，1987年全省推广面积达5万亩以上；"西瓜后作晚稻配套技术研究与应用"解决了西瓜收后空田和7、8、9月充足温、光、水资源，抢种一季水稻的高产配套技术问题，水稻亩产达400公斤；"硅肥在杂交水稻上的研究与应用"的研究成果于1991年在双流县30万亩杂交稻上推广；小麦山农205、阿波、凡六、绵阳11号等十余个品种与农技配套技术在双流县大面积上推广，使亩产上300公斤；甘兰型油菜矮架早、川农长角、川油2号、西南302、江油19选等品种与配套技术在全县推广，使油菜平均亩产达150公斤以上。曾于1982年撰写《油菜如何夺高产》一文，在成都市科协主办的《农村科学》第一期专刊上发表，该文发至成都市各区、市、县，对成都市油菜高产起到指导作用。"秋洋芋稻草覆盖免耕栽培技术研究与应用""稻草覆盖免耕栽培土豆技术创新与应用"的创新栽培技术，改写了洋芋栽培技术，丰富了洋芋栽培学内涵。

积极从事农技推广培训工作。从1967年至1990年，编写县农校，农广校和1、2、4月制农技训练班教材17万字以上，其内容涉及稻、麦、玉米、红苕和油菜的栽培和农作物田间试验设计与结果分析等方面。对县委常委、各级农技人员进行农技推广培训。每年大小春时节，到各乡、镇、村、社给干部、农民讲粮、油高产技术，普及和推广农业先进技术。多年来累计听讲人数达10万人次以上。

监包小组工作成果卓著。由县委农业领导小组任命，从1987年至2000年间，担任监包小组长14年。在此期间，对全县52个重点农业科技集团承包项目，实行立项、实施、项目资金的检察、督促，进行产量验收和成果评估。将检查、督促成果向县、市科委推荐。此工作推动承包方目标任务的完成，加速了农业科技成果的转化，促使农业科技人才迅速成长。

为县委、县政府当好农业参谋。从1965年开始，多年随县委书记驻点、跑面，现场发现问题及时解决。在农业领导小组会上、农业专题讨论会上以及领导当面征求意见时，提出建议和意见，为双流县三农工作和粮、油等生产重大问题出谋划策，并写出专题的可行性报告，供县委、县政府决策作参考。

蒲光树

蒲光树，男，汉族，1958年6月出生，四川省西充县人，大专文化，1997年4

月加入九三学社，中学一级教师。历任语文教师；九三学社成都市委双流县支社主委、九三学社双流县委员会主委，九三学社成都市委委员、常委，九三学社四川省委参政议政委员会副主任；双流县人大常委会办公室副主任，经济工作委员会主任，第十五届、第十六届人大常委会副主任，政协双流县第十届委员会副主席；政协第十二届、第十三届成都市委员会委员，政协第十四届成都市委员会常委。2005年9月和2010年9月，蒲光树两次被社中央评为优秀社员；2011年7月被社中央评为2010—2011年度参政议政先进个人。

在教育岗位上，善于把教学与科研相结合，不断学习国内外教育理论，提高自己的业务水平，教学教研工作取得了显著成绩，在《语文教学通讯》《语文教学与研究》《中学语文教学》《四川教育》《成都教育》等国家级、省市级刊物发表近10万字教学研究论文，其中《初语"文体知识短文"指瑕》一文在《语文教学通讯》发表后，影响很大，初中语文教材改编全部采纳了该文的观点。1995年出版学术专著《语文疑难问题精析》，四川大学中文系教授王世德先生作序。参与中国广播电视出版社、北京师范大学出版社《初中作文导引与示范》《中学语文学法百例》等图书编写。

在人大工作岗位上，致力于人大制度和人大工作研究。担任办公室主任期间，分管文秘、宣传等工作，负责起草县人大、人大办的文件，为人代会、常委会、主任会议提供了优质服务，人大机关文秘工作跃上了一个新台阶；协助常委会领导完成农业产业结构优化升级、私营企业精神文明建设、农村"两培"工程等十多项重大课题调研，撰写出有较高价值的调研文章，为经济建设、社会各项事业发展和领导决策提供了有价值的参考；加强人大宣传工作，致力于通讯员队伍建设，协助《双流报》组稿编辑"人民与权力"栏目，使该栏目获市"五个一工程奖"，其宣传工作受到省、市人大常委会的充分肯定，宣传工作经验在全省推广。担任县人大常委会经济工作委员会主任和常委会副主任期间，先后在国家级、省市级报刊《人民代表报》《民主法制建设》《人民权力报》《人大研究》《四川日报》《四川宣传》《成都晚报》等报刊发表《爱心托起明天的希望》《要敢于行使否决权》《乡镇人大监督的尴尬与对策》《论地方人大工作创新》《关于人大主任的一些思考》等通讯、论文，其中《乡镇人大监督的尴尬与对策》等论文被中国学术期刊网收录，部分观点被多次引用。

在九三学社双流县基层组织主委岗位上，建立健全了各项工作制度，社务工作规范有序。开展形式多样、内容丰富的组织生活活动，增强了社的凝聚力；积极发展品德优秀、业绩突出的高层次人士加入九三学社，有效地优化了人才队伍结构；利用人才智力资源，在永兴镇等地开展科技帮扶等社会服务工作，扩大了九三学社的影响；带领九三社员深入调查研究，积极建言献策，为市县经济建设和社会事业发展提出了许多有价值的建议意见。关心社员工作和生活，积极推荐社员担任人大代表、政协委员等职务，为社员展示才华、发挥作用搭建平台，经过不懈努力，九三学社双流县基层组织已经成为全体社员的精神家园，在社会上树立了良好的形象。2004年、2005年，九三学社双流县支社两次被九三学社中央委员会评为全国"先进基层组织"，基层组织社务工作经验受到社中央、省、市委高度关注，2005年6月在九三学社组织部长暨部分基层组织负责人座谈会上交流，2009年10月在九三学社中央基层组织工作研讨会上交流。2010年3月，社中央副主席邵鸿在参加九三学社成都市委基层组织建设工作双流现场会时，把社县委工作的成功做法概括为"双流经验"，要求总结推广。

认真履行社市委委员、常委和市政协委员、常委职责，积极参加社市委、市政协的各类会议和活动，积极参与并完成社市委、市政协各项调研工作任务。担任政协第十二届、第十三届成都市委员会委员、第十四届常委以来，认真讨论"一府两院"工作报告，积极参加市政协组织的视察、调研活动，撰写提案、信息10多份，先后撰写了《关于农业税实行零税率的调查与思考》《关于农地征占问题的调查与对策探讨》《关于农村电子信息网络建设的调查与思考》《关于生活垃圾分类收集处置的调查与建议》等调研文章。在2004—2009年市政协会议期间，代表社市委在书记、市长专题座谈会上就统筹城乡发展，推进城乡一体化战略等作了专题发言。《关于生活垃圾分类收集处置的调查与建议》《关于基层民主政治建设的调查与思考》被社市委采用为政协成都市十三届委员会第三次、第四次大会发言材料，在政协成都市十三届委员会第三次会议上，代表九三学社成都市委作了大会发言。《关于生活垃圾分类收集处置的调查与建议》被市政协评为优秀提案。

（二）部分社员简介

周嗣铨

周嗣铨，男，汉族，四川资中人，1939年7月出生。大学本科毕业，1963年参加工作，1988年加入九三学社。铁道部成都通信设备工厂首批高级工程师，中国通信协会会员。从小受家庭翰墨熏陶，研习书法，打下了深厚功底。

经长期临写、研究和实践，创作出"篆、隶、楷、行、草"多种风格的名帖，能书写二十多种风格的书体，并自创新体，以魏碑的笔法书写隶书，以圆笔笔法书写苏东坡字形，形成自己独特的书法艺术。其书法作品曾参加四川省书法家协会、四川省美术家协会等在成都锦江大礼堂、四川省博物馆举办的建国六十周年和迎十八大庆典展，参加韩国、日本、巴西、比利时、加拿大等国家和我国台湾地区的展出，并在安徽省《文物鉴定与鉴赏》、四川省《收藏参考》、神州杂志《人民记忆 人物脸谱》等多种书法专集、杂志和报刊上发表；其书法研究成果和创新业绩入选多种人物丛书。书法作品还多次赠送国家领导人，被国内外朋友收藏。

周嗣铨现任中国书画艺术家协会副主席、中国诗书画联谊会常务副主席、四川嫘祖书画院院长、四川省硬笔书法协会副秘书长、四川老年诗词创作研究会常务理事等职。

邸 平

邸平，男，汉族，山西原平市人，1957年出生。1982年1月毕业于西南农院农学专业，大学文化，理学学士，农艺师。1993年9月加入九三学社。曾任九三学社双流县支社副主委、九三学社双流县委员会副主委、九三学社成都市委员会委员；政协第七届、第八届、第九届双流县委员会常委，政协第十二届成都市委员会委员，双流县人民政府第三届、第四届特邀监察员；历任双流县科学技术委员会科员、双流县科技局综合业务科科长、双流县林业局副局长、双流县城乡园林绿化管理局副局长。

邸平从1997年任支社、社县委副主委以来，积极协助两任主委开展社务工作，组织开展组织生活，积极发展新社员入社；积极组织、参加籍田镇、永兴镇、合江镇等的科技帮扶活动；在参政议政方面以身作则，起好带头作用，调查研究双流经济社会发展情况，在市政协、县政协会议上提交了《关于启动双流光电子产业基地建设的建议》《加强我市郊区市、区、县道路交通安全管理》《建造城市森林、城市湿地，实现人与自然和谐相处，科学打造现代空港园林城市》《关于规划建设好城市组团之间区域绿道的建议》《交警认真文明执法，城区交通依法畅通》等有较大参考价值的提案，其中有四项提案被评为政协双流县委员会的优秀提案。中共双流县委召开的各民主党派、工商联、无党派人士座谈会上，副主委邸平代表支社做《精心打造双流都市近郊生态观光休闲产业，全方位推进城乡一体化》主题发言，该项发言为县委做出打造东山生态观光休闲旅游走廊的决策提供了有用的分析建议。

1990年至2000年初，双流社会、经济快速发展，邸平任县科学技术局综合业务科科长，积极组织蜀阳制药、康弘制药、川开集团、国栋建材、天府垫片科普尔铜材、成都热缩、双流热缩、英格数控等县重点工业企业大力开展技术创新和研发新产品。通过努力，全县经认定的国家级高新技术企业达到15家，成为成都市除高新区外拥有最多的高新技术企业的县区，获得省、市人民政府科技进步奖3项，颁发国家级新产品5个，多个项目得到国家技术创新经费资助和省、市科技经费支持，使这些企业成为双流工业经济的骨干力量。正是骨干工业企业的科技进步，使双流的经济得以健康发展，也使双流分别在1999年和2004年成功创建市人民政府命名的"成都市科技进步先进县"和国家科技部命名的"全国科技进步示范县"。

2009年至2012年，为认真践行科学发展观，把双流建设成为生态良好的现代空港园林城市，县委、县政府安排部署了创建四川省绿化模范县和国家园林县城工作。县城乡园林绿化管理局副局长邸平，牵头组织县级有关部门和镇，带领负责创建工作的人员，编制《双流县东升、华阳城区绿地系统规划》，调查整理全县绿化基础数据，开展全县义务植树活动，对东升、华阳、西航港开发区的城区街道及广场、公园和全县骨干道路开展重点绿化量和质的提升建设，农村绿色家园建设等园林绿化工作。通过卓有成效的创建工作，2010年，双流县被四川省绿化委员会命名为"四川省绿化模范县"，2011年，双流县经成都市人民政府推荐，被国家住建部命名为"国家园林县城"。

魏知常

魏知常，男，汉族，四川温江人，1940年出生。1993年1月加入九三学社。1959年毕业于成都农业科技职业学院。高级农艺师，从事农业科技工作42年，曾任双流县农业技术推广站站长。

1992年、1996年两度获双流县有突出贡献的拔尖人才称号；1993年任双流县农村星火培训讲师团讲师；1996年加入中国农学会。

1992年、1993年、2000年三次获国家农业部丰收奖，其中二等奖两项，三等奖一项；1997年所研究的项目"小麦稻草覆盖栽培的配套技术研究与应用"获成都市人民政府科技进步三等奖；1999年所研究的项目"杂交稻间种高杆糯稻高产配套栽培技术研究与推广"获成都市人民政府科技进步三等奖；2001年研究项目"稻茬麦免耕露播稻草覆盖高效简化栽培技术研究与推广"获四川省政府科技进步奖二等奖。

1990年至2002年任双流县第五、第六、第七届政协委员，积极参政议政。1997年提案"关于禁止夏收季节在田间燃烧禾杆的建议"被评为优秀提案。

业余爱好文学，从事科普创作。出版有诗集《床的独唱》《魏知常科学诗选》，散文小品《另一类乡情》。其中《魏知常科学诗选》于2013年7月荣获首届世界华人科普奖。现系中国科普作家协会会员、四川省作家协会会员、世界华人科普作家协会常务理事、双流县作家协会副主席。其传略和作品入编《成都市志·文学志》（四川人民出版社，2000年2月）。

李英杰

李英杰，男，汉族，天津市人，1953年出生。1972年1月在双流华阳长顺村10队插队当知青。1974年10月—1977年10月在川北医学院临床医学系读书。1977年10月开始在双流从事临床工作，已从医36年。

1993年任双流县第一人民医院儿科主任。2012年1月晋升为儿科主任医师，1995年加入九三学社。在九三学社双流县委员会任副主委期间，主管组织工作并兼任东升支社主委。十分注重组织建设的社员发展工作，按统战部的要求和九三学社的规定严格把关，发展那些具有参政议政能力，有志于为中国的民主建设贡献力量的优秀知识分子加入九三学社。发展每个社员首先要进行谈话，以提高新社员对坚持"中国共产党领导下的多党合作的政治体制"的正确认识。带领东升支社在羊坪村建立了科技、卫生、文化帮扶点。

1998年起，任双流县第七届、第八届政协常委，第九届、第十届政协委员。任政协委员期间，做到了每年有提案，提案的内容大部分是关注困难群体和社会热点问题。其中，《提高人口素质，加强婚前体检》《建立健全政府救助机制，解决"三无"人员医疗费用》等重要提案，受到县政府的高度重视。2003年获政协双流县委员会1998~2002年度优秀提案人奖。

社员李英杰十分关注双流的社会经济文化发展，被聘为双流县人民政府第五届，第六届特邀监察员。2012年被双流县人法院聘为特邀监督员。

在业务方面，兢兢业业做好儿科医生，做好科研工作。2001年"结肠透析治疗治疗重症胰腺炎的临床研究"通过了双流县科技局组织的科技成果鉴定，并获2001年度双流县人民政府科技进步二等奖。2003年独立立项的科研项目"10~11岁成都郊区儿童HP感染率调查研究"被列入"成都市重点科技计划项目"，该项目于2004年完成，并通过了成都市科技局组织的科技成果鉴定，获双流县人民政府科技进步三等奖。2005年李英杰申请立项主持的"10到12岁儿童HP感染阳性的临床研究"被列入2005年成都市攻关计划项目。该项目于2006年完成，并通过了成都市科技局组织的科技成果鉴定。2007年为论证婚前体检的重要性向双流县科技局申报了"婚前体检率与出生缺陷及新生儿死亡的相关研究"的科研项目，并及时结题，为双流县恢复婚前体检提供了科学依据。20余年来共发表医学论文20余篇。获双流县科技局、人事局2003—2006年度优秀科技论文一等奖。2009年，通过深入调研、考察所撰写的《为都市观光农业注入国学精神》调研报告受到双流县委高度重视，县委高志坚书记给予了高度评价，并亲笔批示，要求有关部门认真研究落实；2009年7月社县委联合双流县作家协会在《双流作家》报出版了一期"槐轩文化专刊"，对宣传槐轩文化起到了巨大的作用，在双流各界掀起了学习传统国学文化的高潮。现在迁建刘沅墓地打造槐轩文化园已进入实施阶段。

李英杰作为儿科科室主任，团结好科室的每一位医务人员，使科室成为了团结进取的团队，服务水平和质量大幅提高，在双流县医疗机构中处于领先地位。目前，任四川省妇幼急救协作组常委、成都市医学会儿科专委会委员、成都市卫生高级职称评审专家库成员、双流县妇幼急救专家指导组组长、双流县婴幼儿死亡评审专家组组长、双流县预防注射不良反应鉴定专家组组长。

李英杰关注弱势群体，在就诊时发现一名家庭困难的脑瘫患儿，通过发博客等方式，向社会求助，自己又动员朋友捐了共一万余元善款，同时积极求助有关政府部门，得到了县民政局、红十字会、残联和关工委大力支持，共筹集到三万多元现金，解决了脑瘫儿的一期手术费用，又和416医院积极协调，免去了1.6万的手术费，顺利完成了二期手术，现在患儿进入康复期，（该患儿智力完全正常）。另外，在门诊时凡是遇到残疾儿都会为其免费诊治，并承诺一直为其免挂号费。现在已有10个残疾儿有病就会直接来就诊。

潘泽恩

潘泽恩，男，汉族，四川双流县人，1950年12月出生。1996年加入九三学社。中医主治医师，中医内科主任。1975年就读温江卫校中医专业，毕业后在双流县第一人民医院中医内科工作，于1982年在成都中医学校古典医著班学习半年结业，1985年在成都中医学院内妇儿科班进修一年结业。从事中医内科临床工作40余年，连续担任政协第五、第六、第七、第八、第九届双流县委员会委员，在参政议政中提出的提案10篇，获双流县政协优秀提案奖。其中《关于新建双流县第一人民医院急救中心》，双流县卫生局得到回复落实，并由双流县政府有关部门立项立资，为双流县民生工程的一个重要内容，于2006年落实修建使用，给双流县第一人民医院解决了医疗用房的困难，为广大病人服好务，为卫生事业做出了贡献。

1987年任中医内科主任，2012年主持中医内科的中医临床、教学、科研工作，兢兢业业，任劳任怨。每天早上7点半上班，诊治完最后一个病人通常要到晚上6点下班。

潘泽恩有扎实的中医理论和丰富的临床诊疗经验；对中医理论、中医经典著作、中医名家学说和国内外医学动态的发展情况，能学习、掌握、并运用于实践过程中，注重知识更新。特别是对现代医学技术知识，国内外的尖端技术如CT检查、生化检验等均有一定的认识、掌握和运用。积极探索并实践中西医结合运用于中医临床，从而成为医院及县中医事业的技术骨干。临床中，对诊治常见病、多发病，疑难危重症方面有显著疗效，在主持全科会诊各种疑难、危重症方面成效卓著。1987年开展肝胆专科以来，对急、慢性各型肝炎，早期肝硬化、肝腹水、脂肪肝、胆道系统结石、泌尿系统结石有独特的治疗方案。采用了国内外治疗肝病的新疗法，提出了肝胆并治，活血祛瘀改变肝微循环防肝纤维化。在胆系方面采用溶石、利胆、排石，抗炎驱虫，防止脓性胆管炎并发败血症的治疗方法，研制了独特的治疗方案，治愈率高。开展了"米非司酮配合中医中药治疗异位妊娠"的研究与实践，在治疗危重症方面，如重症坏死性胰腺炎和并发症，采用中医内外合治形成独到的新方法。有专著论文三篇《重症胰腺炎重要内外结合治疗55例体会》《败浆草治疗重症胰腺炎伴脓肿》《运用张仲景引导法治疗急性重症胰腺炎初探》，并在国外《柏林国际医学优秀论文选编》中进行学术交流，由此获得双流县科技进步二等奖。

在医疗卫生三下乡、医疗卫生帮扶工作中和名中医下乡巡诊，参加了双流县黄甲医院、金桥医院、永安医院、新兴医院、东升医院的中医门诊，到病房指导工作。曾先后为成都中医药大学、泸州医学院、双流卫校大专班及区、乡医院带实习教师，带进修生约三百余人，其中中医主治医师四十人、中医内科医师二百人。所带人员返回到本地、本单位后，医术均有较大的提高，各有建树，门诊人次明显增多。在精神文明建设方面，在2011年10月被双流县老龄工作委员会评为2010—2011年度孝亲敬老先进个人。

潘泽恩以精湛的医术和高尚的医德赢得了同行的称道，深受病员的赞誉而广为传名。省、市、县内外慕名求治者众多。从医40余年，年门诊约2万人次。发表在国家级、省级学术期刊论文十余篇目，20多年连续获得卫生局门诊人次上万先进个人。2008年10月被双流县人民政府、双流县卫生局评为首届十大名医，2010年4月被成都市人民政府授予"成都市劳动模范"称号。

干大木

干大木，男，汉族，四川双流县人，1961年出生。大专文化，1982年1月参加工作，2000年加入九三学社。现系双流县农发局草莓产业推进办公室主任，高级农艺师，中国园艺学会草莓分会第五、六、七届常务理事，政协第八、九届双流县委员会常委会委员，双流县第十七届人民代表大会常委会委员，九三学社双流县委员会第四届委员，九三学社双流县委西航港支社副主委。

2005—2006年被双流科技局、四川省人事局聘为"科技特派员""中国农业高级专家库"专家；2006年被县政府评为"享受政府津贴"专家；2008年被四川省人事厅、科技厅评为"四川省科技特派员工作"先进个人；2009年获农业部信息中心"首届中国农产品区域公用品牌贡献奖"。

20世纪80年代开始从事草莓生产技术推广工作。二十多年来，在报刊发表有关草莓科研论文20多篇。其中《市场竞争与农民增收》等10余篇获优秀论文奖；《四川省双流县冬草莓可持续发展的思考》一文在"全国第四次草莓学术研讨会"上交流发言，并入选由中国园艺学会草莓分会主编的《草莓研究进展》第一集；《打造绿色食品草莓生产与思考》在"全国第五次草莓学术研讨会"上交流发言，并获优秀论文一等奖和入选由中国园艺学会草莓分会主编的《草莓研究进展》第二集；《绿色食品——草莓生产与思考》被选入"中国科技发展精典文库"第二卷。

起草制定的《绿色食品——草莓技术规程》《草莓产品质量标准》经成都市质量技术监督局批准并实施；编著的《绿色食品——草莓技术规程》被列为双流县"农民增收教育工程"和"绿色证书"培训专用教材；先后主持和实施了"国家级第三批标准

化草莓生产示范镇"项目、"双流冬草莓地域标志产品保护申报"项目。撰写的《绿色食品——草莓促成栽培技术》被四川省农业厅编入《四川农业实用技术手册》系列丛书。

主持、参加的"优质水果（草莓）丰产栽培综合技术"等 26 个项目分别获省、市、县科技成果奖。其中"草莓促成栽培技术应用与推广"分别获得省、市"金桥工程"优秀项目一等奖，主持"优质冬草莓标准化栽培技术研究与应用"项目获省政府科技进步三等奖。2006 年 9 月中央电视台、四川电视台、双流电视台先后以"草莓专家——干大木"为专题报道。

李芳平

李芳平，女，汉族，重庆江北人，1962 年 9 月出。2001 年 12 月加入九三学社。大学本科，医学学士，生理学高级讲师。现任九三学社双流县委员会副主委，双流县卫生局副局长，政协双流县第十届委员会常务委员；中国生理学会会员，四川省生理学会会员。历任成都卫校双流分校副校长，双流县妇幼保健院院长，双流县第十五届人大代表，政协双流县第八、第九届委员会常务委员，双流县人民检察院人民监督员，双流县人民政府 2003—2008 年度特约监察员，双流县药品质量协会会长。

从事医学教学工作 21 年，共完成大中专四千余学时的教学工作，历届医士、护士参加省统考成绩优异。主持完成教育部对成都卫校双流分校"省部级重点中专"的教学评估。1991—1992 年，作为主研人员参与华西医科大学郑煜博士主持的国家自然科学基金项目研究，参编教材《人体解剖生理学》《生理学教学目标与检测》。带领双流县妇幼保健院通过了"爱婴医院""一级甲等妇幼保健院"的复评，并完成新建医院的建设立项。所分管医政、中医、科研、公共卫生、城乡统筹等工作多次代表成都市、四川省接受国家、省、市各级领导的视察和专家检查，创建成为全国农村中医工作先进县，四川省艾滋病、结核病综合防治示范区；双流县一、二医院，县中医医院创建成为国家三级乙等医院。

撰写调研文章、提案、建议、社情民意三十余件，多份提案建议被政府及相关部门采纳。其中"综合开发治理江安河，促进江安河流域经济发展"和"深化村卫生站运行机制改革势在必行"等调研报告，县领导予以亲笔批示肯定。"尽快取缔东升新城自发形成的违规休闲场所的建议"等被评为优秀提案。1998 年被成都市委组织部、成都市人事局批准为"成都市人才兴市百千万工程"人选，在全国和省级杂志发表论文近二十篇。2010—2012 年，作为第三参研者完成国家科技部"小康型乡镇卫生院技术集成综合示范模式研究"，论文《远程医学信息系统在乡镇卫生院的应用研究》获 2012

年四川省医学科技二等奖,《小康型乡镇卫生院信息化建设模式探索》获成都市社会科学界第六次优秀科研成果奖。

赵 晓

赵晓,男,汉族,四川双流县人,1964年4月出生。1985年7月参加工作,2001年加入九三学社。西南农学院果树专业毕业,大学文化,高级农艺师。

1981年9月—1985年7月西南农大果树专业学习;1985年7月—1991年8月双流县太平区公所从事果树技术推广、试验、示范,上世纪80—90年代,该区六乡为全县最大的水果产区,六年间跑遍所有村开展技术培训。

1991年—2004年10月在双流县农业局经作站工作,期间在双流县国土局从事基本农田划定与保护和双流县土地用地规划工作,双流县获国土部、农业部先进集体称号。在双流县统计局从事全国第一次农业普查工作,获省级先进个人奖励。2004年10月—2006年5月双流县农业局土肥站工作,开展的耕地保护性栽培技术得到农业部的肯定并予以推广。在农村能源办工作中,开展农村新能源研究与开发,公益型能源项目实施,负责起草了沼气化示范县的可行性研究报告和实施方案,双流县在2010年获省级沼气化示范县称号。

2006年5月—2010年3月在双流县梨子产业办公室主持工作。2012年3月—今在农村发展局农技站,重点推广了油菜机播机收及水稻集中旱育机插技术,为粮油作物的规模化生产奠定了基础。

在20年的工作中,始终坚持共产党的领导,坚持党的基本原则,勤奋工作,为社会特别是为农村经济发展做出了应有的贡献。曾获四川省农业厅科技进步奖两次、省统计局"农业普查先进个人"、省金桥项目一等奖、县政府"基本农田保护先进个人"、成都政府科技进步三等奖、县政府科技进步一等奖等奖项数十项。

起草编制了枇杷、草莓、梨子等绿色食品生产操作规程和技术要点,编写了《绿色食品——枇杷优质高产栽培技术》《无公害梨子优质高产栽培技术》《绿色食品-草莓优质高产栽培技术》技术资料,其中《绿色食品——草莓优质高产栽培技术》被四川省农业厅翻印作为全省草莓技术栽培的普及资料。

为四川省高级农艺师和农业工程技术高级职务评审委员会评委,中国农学会知名专家。

郭 彦

郭彦,女,汉族,笔名:郭彦芝、芫芝。1973年10月出生于四川甘孜,毕业于四川农大教育技术系,双流县棠湖中学外语实验学校专职书法教师。2004年加入九三学社，九三学社双流支社书画院画师，双流政协书画院画师，双流县书协副主席。四川省书法家协会会员、现就读于中国书协书法培训中心高级研修班洪厚甜导师工作室。

作品获奖和入展情况：

2005年作品入展四川省书法家协会主办的"首届谢无量书法创作奖暨四川省第四届书法篆刻作品展"；

2006年作品入展四川省书法家协会主办的"首届四川省妇女书法展"；

2008年参加四川省书法家协会，省教科所主办的"四川省教师美术书法摄影展"获等一等奖；

2008"《书法报》第二届中国硬笔书法大赛"成人组优秀奖；

2009年作品《隶书对联敦行树德》获得"四川省建国六十周年美术书法摄影教师展"一等奖；

2012年作品入展四川省第七届"沿滩新城杯居住与人文"四川省第七届书法篆刻展"；

2012年作品入展由中国书法家协会主办的"全国第五届妇女书法篆刻展"（四川省仅7人入展）。

指导学生获奖情况：

2009年5月，辅导学生参加成都市教育局举办的"第九届中小学艺术节"获得书法类一等奖。2009年6月，参加中华人民共和国教育部艺术教育委员会举办的"全国第十四届中小学生绘画书法作品比赛"荣获书法类指导工作一等奖。

2010年5月参加成都市教育局、成都市文化局、共青团成都市委举办的"成都市第九届中小学生优秀艺术人才选拔赛"获得优秀指导教师称号。2010年6月参加中华人民共和国教育部艺术教育委员会举办的"全国第十五届中小学生绘画书法作品比赛"，荣获书法类指导工作一等奖。

2011年5月，参加成都市教育局、成都市文化局、共青团成都市委举办的"成都市第十届中小学生优秀艺术人才选拔赛"荣获优秀指导教师称号。2011年6月，参加中华人民共和国教育部艺术教育委员会举办的"全国第十六届中小学生绘画书法作品比赛"荣获书法类指导工作一等奖。2011年9月，参加成都市教育局、成都市语言文字工作委员会举办的"2011年成都市中小学生写经典、画经典活动现场比赛"指导类工作一等奖。2011年11月，参加中国少年儿童美术教育委员会举办的"第五届全国少年儿童美术、书法作品大赛"获得优秀指导教师称号。

2012年5月，参加成都市教育局、成都市文化局、共青团成都市委举办的"成都市第十一届中小学生优秀艺术人才选拔赛"荣获优秀指导教师称号。2012年6月，参加中华人民共和国教育部艺术教育委员会举办的"全国第十七届中小学生绘画书法作品比赛"荣获书法类指导工作一等奖。

2013年8月受邀参加在首都师范大学举办的首届华文书法国际文化节。在活动中，见到了本次文化节的总顾问、全国政协副主席、九三学社主席韩启德先生。韩主席得知郭彦是九三学社社员，一名来自基层的书法教育工作者，特地就书法教育与她进行交流，同时鼓励她做好基础书法教育工作。作为一名九三学社会员，她深受鼓舞。

钟朝晖

钟朝晖，男，汉族，四川双流人，1967年出生，2006年加入九三学社。大学毕业，曾任双流县人民法院书记员、助理审判员、执行长、华阳镇法庭副庭长、正兴镇人民政府副镇长，现任双流县城管局副局长。政协第十四届成都市委员会委员，政协第十届双流县委员会委员。

钟朝晖，在二十多年司法审判实践锻炼中，逐步成为法院业务骨干，成功审理并执行一些涉稳、重大影响疑难案件。团结、带领同事积极开展审判工作，撰写有《交通事故诉讼指南》指导性规范文章。

在正兴镇担任副镇长期间，用己所长，做好政府"法律参谋"，化解各种社会矛盾，维护了一方平安，并积极探索大调解组织建设，撰写了《当前人民调解现状及对策》调研文章，对社会现实有较好指导实践意义。

在双流县城市管理局担任副局长以来，狠抓分管队伍建设，针对城管执法难点，深入调研，撰写了《关于城管执法理念思考》具有指引性调研文章，并在实践中以"百姓城管"方式推进工作，从而真正实现城乡环境综合整治的目的。

邓由怀

邓由怀，男，汉族，四川仁寿县人，1941年出生，自号薪室主人，巴蜀乡土风情画家。2009年加入九三学社，九三学社双流书画院画师。幼承家学，受熏陶良深。师从"大风堂"门人龙国屏、王永年先生，系艺术巨匠张大千先生之传人。工山水，兼擅书法，尤钟情巴蜀山川风物，书画作品极富生意，其韵致迥异于同道而别具一格。

作品曾入选全国职工画展，全国巴金学术研讨会专题画展，"世纪·中国风"全国大展（昆明·优秀奖），第五届中国艺术节大展（成都），首届和第三届"西部大地情"全国大展（成都、贵阳），"亚亨杯"全国大展（湖南），四川省首届山水画大展，迎澳门回归大展（成都·优秀奖），首届四川国画名家推介展，纪念"5·12"汶川大地震一周年全国大展，四川地震灾区画家"5·12"周年祭画展（优秀奖），第四、五届当代山水画全国展（郑州），"巴蜀画派"名家画会理展等。传略载入多种典籍，出版有个人画集。现为四川省美术家协会会员、四川巴蜀画院副院长、四川巴蜀中国画研究院特聘画师、西蜀张大千艺术研究院特聘画师、四川·东方张大千艺术研究中心副主任、眉州华夏艺术研究院名誉院长、四川省"五一"文学艺术奖章两届获得者。2012年，经中国管理科学院文化传播研究所"未名人才个案"访察、推荐、审定，荣膺"中华知名专家"称号。

谭国庆

谭国庆，男，汉族，重庆忠县人，1972年10月出生，2011年加入九三学社。毕业于西南师范大学音乐学专业本科。现任双流县教育研究与教师培训中心中小学音乐学科教研员，从事双流县中小学音乐学科教育教学、科研、教师培训等工作。中国教育学会音乐教育专业委员会会员、四川省音乐家协会会员、四川省心理学会会员、四川省木笛协会理事、成都市教育学会音乐专委会理事。

1999年曾获重庆市忠县"学科教学能手"；2004年9月，被双流县教育局评为双流县首届"优秀艺术教师"；2007年9月，被评为双流县优秀教师；2008年9月，被双流县教育局评为双流县第六届高中音乐学科带头人；2008年9月，被双流县县委、县政府评为第四届双流县名教师。

2006年9月，教学设计《十面埋伏》在全国第二届中小学音乐课教案设计大赛中获优秀教案奖；2007年6月，参与创作与指导的校园剧《这就是我亲妈》，在全国第六届中小学思想道德建设优秀成果展评活动中荣获"优质课一等奖"；2009年4月，论文《遵循音乐教学规律探索音乐教法》在《新课程研究》（2009年3月）上发表，并被中国中小学素质教育研究中心"创新"教育指导小组教师获奖学术论文选青少年获奖作品选编辑委员会评为一等奖；2009年6月，论文《浅论音乐教学》在《学习方法报》第97期（总第2913期）上发表，并被中国中小学素质教育研究中心"创新"教育指导小组教师获奖学术论文选青少年获奖作品选编辑委员会评为一等奖；2009年9月，论文《数码钢琴集体课教学浅尝》在四川省第六届中小学生艺术节的论文评选中获一等奖。

三、九三学社双流县委员会社员基本情况统计表

所属	姓名	性别	籍贯	出生年月	学历	参加工作时间	技术职称	入社时间	现工作单位（住址）及职务
东升支社	蒲光树	男	四川西充	1958.06	大专	1980.02	中教一级	1997.04	双流县政协副主席
	黄志茹	女	四川双流	1969.09	大学	1992.07	工程师	2008.09	双流县审计局政府投资审计中心主任
	彭军	男	四川双流	1968.04	大专	1990.07	工程师	2008.05	四川中林建设公司
	刘力	男	四川双流	1972.10	大学	1991.07	工程师	2011.06	双流县房管局
	张平	男	四川双流	1964.12	大学	1981.07	主任科员	2007.01	双流县工商局
	钟林	男	四川双流	1968.10	大学	1989.10	高级工程师	2006.01	双流县建设局质检站
	周旭英	女	四川双流	1971.02	大学	1991.07	经济师	2002.12	双流县民政局
	张明辉	男	四川双流	1968.10	大专	1990.07	工程师	2008.08	四川中琪建筑工程有限公司
	李英杰	男	天津	1953.12	大学	1972.07	主任医师	1995.04	县第一人民医院儿科
	韩尚惠	女	四川双流	1958.08	大专	1980.03	讲师	2003.11	县卫生执法监督大队
	何新蓉	女	四川双流	1974.11	大学	1998.09	副主任医师	2006.01	县妇幼保健院科教科科长
	胡月明	女	四川资阳	1964.05	大学	1982.05	主管药师	2002.12	县卫生执法监督大队副大队长
	刘建军	男	四川双流	1968.07	大学	1992.07	副主任医师	2008.04	双流县一医院CT室主任
	山琳霞	女	四川炉霍	1970.09	大专	1988.07	副主任医师	2000.07	县中医院B超室
	夏中琼	女	四川双流	1955.08	大专	1977.10	副主任医师	2003.11	县中医院退休
	张启良	男	四川双流	1964.12	大专	1987.07	主治医师	2002.12	双流县中医院康复科
	孙皓	男	四川双流	1971.02	硕研	1993.07	副主任医师	2010.09	双流县一医院神经内科主任
	赵晋蓉	女	山西临汾	1964.06	大专	1983.11	副主任医师	2006.10	双流县一医院门诊部

续表

所属	姓名	性别	籍贯	出生年月	学历	参加工作时间	技术职称	入社时间	现工作单位（住址）及职务
东升支社	王功玉	女	重庆巴南	1976.07	大学	1996.08	主管护师	2010.09	金桥镇事业管理服务中心主任
	谭国庆	男	重庆忠县	1972.10	大学	1992.08	中教高级	2011.11	双流县教育研究与教师培训中心
	徐婷	女	四川双流	1983.07	大学	2002.07	科员	2011.11	双流县文旅局行政许可科
	蒲飞	男	四川双流	1963.09	大学	1986.07	中教高级	2008.07	双流中学
	张静	女	四川双流	1971.10	大学	1990.07	高级采购师	2009.09	双流县公共资源交易服务中心
	赵晓	男	四川双流	1964.04	大学	1985.07	高级农艺师	2001.12	双流县农发局
	徐康	男	四川双流	1974.09	大学	1999.07	农艺师	2008.09	双流县农发局
	李亚平	女	四川双流	1977.06	大学	2001.08	助理农艺师	2011.11	县现代农业发展投资有限公司副总经理
	郭翠琼	女	四川双流	1965.11	大学	1986.08	副主任科员	2005.03	双流县水务局永兴片区站站长
	蔡春晴	女	浙江温州	1971.02	大学	1992.07	科员	2012.11	双流县农发局
	苏翠萍	女	四川双流	1966.01	大学	1990.07	高级兽医师	2007.09	双流县农发局
	孙涛	男	四川双流	1964.07	大专	1983.07	农艺师	2009.09	县现代农业发展投资有限公司副总经理
	易世福	男	四川成都	1951.06	大专	1976.11	副主任医师	2005.06	双流县疾控中心退休
	王洪旭	男	四川双流	1939.02	大专	1962.07	工程师	1991.03	长江挖掘机厂退休
	魏知常	男	四川温江	1940.11	中专	1959.08	高级农艺师	1993.01	双流县农发局退休
	夏仕蓉	女	四川广汉	1936.02	大学	1958.07	高级农艺师	1983.06	双流县政协退休
	张正明	男	四川双流	1943.02	大学	1967.07	高级工程师	1992.04	双流县水务局退休
	周嗣铨	男	四川资中	1939.07	大学	1963.08	高级工程师	1988.01	铁道部成都通信设备工厂退休
	张光裕	男	四川双流	1944.05	中专	1962.08	主治医师	1991.12	双流县第一人民医院放射科退休

续表

所属	姓名	性别	籍贯	出生年月	学历	参加工作时间	技术职称	入社时间	现工作单位（住址）及职务
东升支社	陈明复	男	湖南长沙	1939.10	大学	1964.01	高级农技师	1994.09	双流县农发局退休
	程琢玉	女	四川双流	1955.11	大学	1974.08	高级讲师	2002.12	县教育研究与教师培训中心退休
	卢建刚	男	四川成都	1940.06	大学	1965.07	高级工程师	1989.03	县水务局退休
	马万才	男	重庆垫江	1933.09	中专	1951.01	测绘师	1989.05	县水务局退休
	潘泽恩	男	四川双流	1950.12	中专	1975.09	主治医师	1996.04	县一医院中医科退休
	廖肇芳	女	四川乐山	1943.02	大学	1968.08	高级讲师	1989.07	县职教中心退休
	黄文栋	男	四川双流	1939.09	中专	1959.08	高级农艺师	1995.09	县农业局植保站退休
	张星元	男	四川	1937.05	中专	1960.01	工程师	1985.05	民航103厂退休
	周玉琢	男	河北	1936.10	大专	1956.01	工程师	1982.12	退休，双流国际花城
	杨显云	男	四川彭州	1962.04	大专	1979.11		2013.10	双流县新闻中心
华阳支社	邱平	男	山西	1957.01	大学	1982.01	农艺师	1992.08	双流县园林局
	侯利蓉	女	四川乐山	1965.10	大学	1989.07	工程师	1997.07	双流县园林局
	钟朝晖	男	江西赣州	1967.08	大学	1985.12		2006.05	双流县城管局副局长
	白玉琳	女	四川成都	1964.06	大学	1986.07	中教高级	2003.10	华阳中学
	阳俊伟	男	四川资阳	1965.12	大学	1987.07	中教高级	2007.11	华阳中学
	姚刚	男	四川成都	1963.09	大学	1984.07	中教高级	2009.11	华阳中学
	白茹雪	女	四川双流	1976.03	大学	1997.08	中教高级	2009.11	华阳中学
	薛英	女	四川汉源	1967.07	大学	1989.03	高级实验师	2010.09	四川文化产业职业学院继续教育学院副院长
	刘建	男	重庆南川	1982.05	大学	2004.07	中教一级	2012.12	太平中学
	赵建国	男	四川达县	1973.08	大学	1992.10	会计师	2012.11	双流县司法局籍田司法所所长

续表

所属	姓名	性别	籍贯	出生年月	学历	参加工作时间	技术职称	入社时间	现工作单位（住址）及职务
华阳支社	李风杉	男	黑龙江绥宁	1947.02	大专	1963.03	教授	1994.07	县政协书画院
	且一可	男	四川大邑	1974.03	大专	1999.03	中级馆员	2009.11	华阳蜀郡12.3.8
	邓由怀	男	四川仁寿	1941.10	大专	1958.09	中级馆员	2009.11	锦华苑一期7.3.4
	高堡仪	男	四川	1953.09	大专	1975.01	高级美术师	2009.11	华阳迎宾大道38号
	赵德铭	男	四川双流	1950.07	大专	1978.01	美术设计师	2009.11	九三双流书画院
	李芳平	女	重庆江北	1962.09	大学	1982.09	高级讲师	2001.12	双流县卫生局副局长
	干大木	男	四川双流	1961.10	大专	1982.01	高级农艺师	2000.05	双流县农发局草莓管理办公室主任
	毛佳	女	四川眉山	1974.04	本科	1993	科员	2013.10	双流县卫生局
	申学惠	女	四川眉山	1970.01	大学	1992.07	副主任医师	2013.10	四川石油总医院重症监护科
西航港支社	龚文贤	男	四川双流	1947.01	大学	1982.01	高级工程师	1997.06	康弘药业集团
	李祥	男	四川双流	1981.12	大学	2005.08	会计师	2011.11	西航港经开区管委会财务科
	江汶	男	四川盐源	1974.06	大学	1996.10	工程师	2011.11	岷江自来水厂文星分厂副厂长
	苏东	男	四川双流	1973.10	大学	1997.07		2010.05	成都托克密封件有限责任公司总经理
	李亭艺	女	四川开江	1977.05	大学	1998.08	中教一级	2010.05	棠中外国语学校
	郭彦	女	四川双流	1973.10	大学	1995	中教一级	2005.03	棠中外国语学校
	宋建辉	女	四川双流	1968.02	大学	1990.07	高级寿险理赔师	1994.02	平安数据科技四川分公司
	毛泽娟	女	四川成都	1952.03	大专	1969.02	中教一级	1998.05	民航103厂退休
	李刚伟	男	四川眉山	1966.03	大学	1988.07	高级工程师	2001.12	成都建中锂电池有限公司副总经理

续表

所属	姓　名	性别	籍贯	出生年月	学历	参加工作时间	技术职称	入社时间	现工作单位（住址）及职务
西航港支社	苏学操	女	四川仁寿	1936.05	大学	1960.05	高级工程师	1983.05	成都电视设备厂退休
	邹林杰	男	四川双流	1981.07	大学	2005.01	副主任科员	2012.12	双流县食药监局
	彭　锦	女	四川邛崃	1980.01	硕研	2000.07	副主任科员	2012.12	双流县司法局
	孙晓轩	男	四川双流	1963.05	大学	1984.08	高级工程师	2013.10	西南化工研究设计院有限公司
	田　宁	女	四川双流	1974.11	本科	1996.06		2013.10	西航开发区管委会

附　录

一、文　存

九三学社章程

（九三学社第十次全国代表大会部分修改，2012年12月4日通过。）

总　纲

九三学社是以科学技术界高、中级知识分子为主的具有政治联盟特点的政党，是接受中国共产党领导、同中国共产党通力合作的亲密友党，是进步性与广泛性相统一、致力于中国特色社会主义事业的参政党。

本社前身为抗日战争后期一批进步学者发扬五四运动反帝反封建的爱国精神，以民主、科学为宗旨，在重庆组织的"民主科学座谈会"。后为纪念1945年9月3日抗日战争和世界反法西斯战争的伟大胜利，改建为"九三学社"。国共和谈和旧政协期间，本社支持中国共产党的主张，反对内战，反对独裁。解放战争期间，本社严正声明不承认伪"国民大会"，赞成中国共产党的各项主张，与中国共产党团结合作，积极参加反对国民党独裁统治的民主运动，为争取新民主主义革命的胜利而斗争。随后，本社响应中国共产党召开新政协，成立民主联合政府的号召，接受中国共产党的领导，参加了中国人民政治协商会议，为建立新中国作出了积极贡献。新中国成立后，本社以中国人民政治协商会议《共同纲领》和政协章程总纲为自己的政治纲领，积极参与国家政治生活中重大问题的协商，组织成员参加民主改革和社会主义改造运动，为发展科学技术、教育和医药卫生等事业作出了重要贡献，走上了为社会主义服务的道路。中共十一届三中全会之后，在邓小平理论的指引下，本社进一步明确了性质、地位和作用，以经济建设为中心，坚持四项基本原则，坚持改革开放，履行参政议政、民主监督职能，为建设中国特色社会主义事业作出了显著成绩。半个多世纪以来，本社秉承爱国、民主、科学的优良传统，同中国共产党在争取民族独立和人民解放的宏伟事业中风雨同舟，在社会主义革命和建设的历史进程中携手前进，在改革开放和社会主义现代化建设的伟大实践中团结奋斗，发展成为一支建设中国特色社会主义事业、维护国家安定团结的重要力量。

中国共产党领导的多党合作和政治协商制度，是适合我国国情的一项基本政治制度，本社坚持并认真实践这一制度。在中国共产党的领导下参加国家政权，参与国家大政方针和国家领导人选的协商，参与国家事务的管理，参与国家方针政策、法律法规的制定和执行。

本社以马克思列宁主义、毛泽东思想、邓小平理论、"三个代表"重要思想为指导，高举中国特色社会主义伟大旗帜，坚持中国特色社会主义道路和中国特色社会主义理论体系，深入贯彻落实科学发展观，为把我国建设成为富强、民主、文明、和谐的社会主义现代化国家而奋斗。本社的一切活动以中华人民共和国宪法为准则，并负有维护宪法尊严、保证宪法实施的职责，享有宪法规定的权利和义务范围内的政治自由、组织独立和法律地位平等。

我国现在处于并将长期处于社会主义初级阶段，国家的根本任务是解放和发展社会生产力。进入新世纪后，本社的基本任务是：坚定不移地坚持社会主义初级阶段的基本理论、基本路线、基本纲领和基本经验，贯彻执行"长期共存、互相监督、肝胆相照、荣辱与共"的方针，维护宽松稳定、团结和谐的政治环境，高举爱国主义、社会主义旗帜，团结全体社员和所联系的知识分子，牢牢把握发展这个第一要务，不断解放思想，坚持改革开放，推动科学发展，促进社会和谐，为实现新世纪新阶段全面建设小康社会、加快推进社会主义现代化、开创中国特色社会主义新局面的奋斗目标，为实现推进现代化建设、完成祖国统一、维护世界和平与促进共同发展的新世纪三大任务贡献力量。

本社弘扬民主与科学精神。在建设中国特色社会主义新的历史时期，弘扬民主与科学精神，要在发展社会主义民主政治中，把坚持中国共产党领导、人民当家作主和依法治国有机统一起来，为建设社会主义政治文明，推进社会主义民主与法制建设，做出不懈努力；要贯彻"科教兴国"和可持续发展战略，大力推进创新型国家建设，积极发挥我社科技人才比较集中的特点和优势，充分调动广大社员的积极性、创造性，努力弘扬科学精神，倡导科学方法，崇尚高尚的学术道德和职业道德，为推进科技创新、促进科技进步、培育科技人才、发展先进文化、普及科学知识，提高全民族的科学文化水平，不断做出贡献。

本社积极开展海外联络工作，促进祖国统一。

本社努力促进与各国人民的友好往来和国际交流，维护世界和平。

本社积极反映社员的意见和建议，维护社员的合法权益。

为适应中国特色社会主义和多党合作事业的需要，本社要不断加强自身建设，把我社建成坚定不移地接受中国共产党领导，坚持中国特色社会主义政治发展道路，能够经受各种困难和风险考验，不断提高履行职能的能力，与中国共产党通力合作的参政党。自身建设的原则是，坚持中国共产党的领导，发扬社会主义民主，体现政治联盟特点，保持进步性与广泛性相统一。自身建设要以思想建设为核心，努力学习马克思列宁主义、毛泽东思想、邓小平理论、"三个代表"重要思想和科学发展观，学习中国共产党领导的多党合作和统一战线理论，继承、发扬我社优良传统，不断提高成员的政治素质；要以组织建设为基础，实施人才强社战略，坚持民主集中制，切实做好各级领导班子建设、后备干部队伍建设、机关建设和基层组织建设工作，建立内部监督机制，增强社的活力和凝聚力；要以制度建设为保障，建立健全参政党工作机制，使各项工作走上制度化、规范化轨道，以肩负起历史赋予的光荣使命。

第一章　社　员

第一条　从事科学、技术工作以及高等教育、医药卫生等方面的高、中级知识分子，赞成并愿意遵守本社章程，可申请加入本社。

第二条　发展社员，由申请人向社组织递交入社申请书，社组织经过联系培养、认真考察后，由社员二人介绍，填写入社登记表，经基层组织讨论通过，报设区的市以上地方组织批准，层报社中央备案。

社中央和省（自治区、直辖市）委员会必要时可直接发展社员。

第三条　社员有下列义务：

（一）遵守社章，执行社的决议，参加基层组织生活和社的活动，缴纳社费。

（二）遵守宪法、法律和社会公德，维护安定团结，维护国家和人民的利益。

（三）拥护中国共产党领导的多党合作和政治协商制度，继承和发扬本社优良传统。

（四）努力学习，做好本职工作，为社会主义经济建设、政治建设、文化建设和社会建设贡献力量。

第四条　社员享有以下权利：

（一）表决权、选举权和被选举权。

（二）参加社内组织的关于国家大事和有关工作的讨论，反映意见，提出建议。

（三）对社的工作和社的各级领导机构提出建议和批评。

（四）在合法权益遭受侵害时，要求社的组织给以关心和帮助。

第五条　社员在社会主义现代化建设、祖国统一事业和社的工作中作出显著成绩，社组织可给予表彰、奖励。

第六条　社员违反社章，按错误性质和情节轻重，社组织给予批评教育直至纪律处分。

社的纪律处分为：警告、严重警告（同时撤销社内职务）、留社察看（留社察看期最长不超过两年）、开除社籍。

对社员的纪律处分，须经所在基层组织讨论通过，由设区的市以上地方组织批准。对中央委员会和地方各级委员会委员的纪律处分，须经同级委员会全体会议讨论通过；地方各级委员会委员的纪律处分，须报上一级组织批准。开除社籍，须经省级组织批准，报社中央备案。

社员对处分不服，可以向上级组织直至中央提出申诉。

第七条　社员有退社的自由。社员要求退社须由本人提出书面申请，经所在基层组织研究确定，由设区的市以上地方组织终止其社籍，层报社中央备案。

第八条　社员无正当理由，长期不参加社的活动，不缴纳社费，经教育仍不改正者，经所在基层组织讨论通过，由省级组织批准，可终止其社籍，并报社中央备案。

第九条　社员工作地点变动时，应按规定办理转移组织关系的手续。

第二章　组织制度

第十条　本社的组织原则是民主集中制。个人服从组织，少数服从多数，下级组织服从上级组织，全社服从中央。

第十一条　本社组织系统分为：中央组织，地方组织和基层组织。在社内实行分级领导，上级组织要经常听取下级组织和社员的意见，下级组织要认真贯彻执行上级组织的决议和决定，按有关规定向上级组织请示和汇报工作。

第十二条　本社各级组织的领导机构，是各级社员大会或代表大会及其选举产生的各级委员会。各级委员会实行集体领导和个人分工负责相结合的制度，重大问题需经集体讨论才能做出决定。各级委员会对同级社员大会或代表大会负责，并受其监督。

根据工作需要，上级组织可对下级组织的领导机构成员进行届中调整。领导机构成员进行届中调整须经同级委员会全体会议或扩大会议通过。

第十三条　经社的各级委员会全体会议或其常务委员会会议决定，可召开代表会议或全体委员扩大会议，讨论决定需要及时解决的重大问题。

第十四条　社组织设监督机构，履行社内监督职能。

第十五条　本社组织发展坚持以大、中城市为主，以科学技术界为主，以有一定代表性的高、中级知识分子为主的原则；坚持注重质量，保持特色，组织发展与后备干部队伍建设相结合的原则。

第十六条　社的中央和地方组织的机关，要根据工作需要和精简、统一、效能的原则，合理设置机构，完善部门职责，按照《中华人民共和国公务员法》加强对机关干部的管理，健全机关工作机制和各项工作制度。

第十七条　社的地方组织和基层组织在社会主义现代化建设、祖国统一事业和社的工作中作出显著贡献，上级组织可给予表彰、奖励。

第十八条 社的地方组织和基层组织违反社章,损害社的声誉和人民利益时,视情节轻重,分别给予责令检查、改组领导机构的处分。对社组织的处分,须由上一级组织提出意见,层报社中央批准。

第三章 中央组织

第十九条 社的全国代表大会每五年举行一次,由中央委员会召集。必要时可提前或延期举行。

全国代表大会的规模及代表产生办法,由中央常务委员会决定。代表大会选举主席团主持会议。

第二十条 社的全国代表大会的职权是:

(一)讨论并决定本社的工作方针、任务和其他重大事项;

(二)听取和审议中央委员会的报告;

(三)修改社的章程;

(四)选举中央委员会。

第二十一条 中央委员会每届任期五年。如全国代表大会提前或延期举行,其任期相应改变。

中央委员会全体会议原则上每年举行一次,由中央常务委员会召集,必要时可提前或延期举行。

第二十二条 中央委员会在全国代表大会闭会期间领导全社工作,其职权是:

(一)执行全国代表大会决议;

(二)听取和审议中央常务委员会的报告;

(三)讨论并决定本社的重大问题;

(四)选举中央委员会主席、副主席、常务委员,组成中央常务委员会;

(五)决定召开全国代表大会。

第二十三条 中央委员会设主席一人、副主席若干人,他们同时是中央常务委员会的主席、副主席。

第二十四条 中央委员会设秘书长和若干工作部门。

第二十五条 中央常务委员会的任期与同届中央委员会相同,在中央委员会全体会议闭会期间领导全社工作。中央常务委员会会议由主席会议召集并主持,原则上应每季度举行一次。中央常务委员会的职权是:

(一)组织实施中央委员会全体会议的决议和决定;

(二)召集并主持中央委员会全体会议;

(三)讨论并决定本社工作中的重大问题;

（四）讨论并决定社中央工作部门的设置及秘书长和其他重要人事任免。

第二十六条　中央委员会主席、副主席组成中央主席会议，在中央常务委员会会议闭会期间，主持中央工作。

中央委员会主席、专职副主席组成主席办公会议，研究、决定需要及时处理的重要问题并主持日常工作。

中央主席会议和主席办公会议均由中央委员会主席召集并主持，也可由中央委员会主席委托一位副主席召集并主持。

第二十七条　每届中央委员会选举产生的中央领导机构和中央领导人，在下届全国代表大会开会期间，继续主持社的日常工作，直到下届中央委员会产生新的中央领导机构和中央领导人为止。

第四章　地方组织

第二十八条　本社地方组织分省（包括自治区、直辖市）、设区的市（包括自治州、直辖市的区）、不设区的市（包括市辖区）三级。一般不在县建立地方组织。

社的各级地方组织的社员大会或代表大会每五年举行一次，由同级委员会召集，必要时可提前或延期举行。

地方组织代表大会的规模及代表产生办法，由地方常务委员会决定，不设常务委员会的地方组织由主委会议决定。代表大会选举主席团主持会议。

第二十九条　地方各级社员大会或代表大会的职权是：

（一）贯彻、执行社的全国代表大会、中央委员会和上级组织的决议和决定；

（二）听取和审议同级委员会的报告；

（三）讨论、决定同级委员会的工作；

（四）选举同级委员会。

第三十条　地方各级委员会由同级社员大会或代表大会以无记名投票方式选举产生。候选人提名应充分发扬民主，认真酝酿协商，并报请上级组织审批。

地方组织的委员会因故不能选举产生时，由上级组织指定适当人选组成临时领导机构。

筹建地方组织，其领导成员由上级组织指定。

第三十一条　地方各级委员会在同级社员大会或代表大会闭会期间领导本地区社的工作，其职权是：

（一）贯彻、执行上级组织和同级社员大会或代表大会的决议、决定，定期向上级组织报告工作；

（二）听取和审议同级常务委员会或主委会议的报告；

（三）讨论、决定本地区重大社务；

（四）选举主任委员、副主任委员，有一定规模的地方组织可选举常务委员组成同级常务委员会。

第三十二条　地方各级委员会设主任委员一人，副主任委员若干人组成主委会议，主持本级社组织的工作。主委会议由主委召集并主持，也可由主委委托一位副主委召集并主持。

地方委员会的主任委员、副主任委员同时是该地方常务委员会的主任委员、副主任委员。

第三十三条　地方各级委员会设秘书长和若干工作部门。

第三十四条　地方常务委员会在地方委员会全体会议闭会期间，行使地方委员会职权，领导本地区社的工作。讨论决定社地方组织工作部门的设置及秘书长和其他重要人事任免。

第三十五条　地方各级委员会每届任期五年。如同级社员大会或代表大会提前或延期举行时，其任期相应改变。地方常务委员会和地方领导人，在下届社员大会或代表大会开会期间，继续主持社的日常工作，直到新的常务委员会和地方领导人产生为止。

第五章　基层组织

第三十六条　本社基层组织有：直属小组、支社和委员会。基层组织的领导成员每届任期五年。

在同一单位、系统或地区有社员三人以上，可建立直属小组；有社员七人以上，可建立支社；在社员人数较多的单位、系统或省辖市的区，有三个支社以上时，可设立委员会。

第三十七条　直属小组设组长一人，必要时可设副组长一人；支社和委员会设主任委员一人、副主任委员和委员若干人；均由民主选举产生。

第三十八条　基层组织是社的工作的重要基础，其主要任务是：

（一）根据上级组织的决议和指示精神，结合本单位、本系统、本地区的中心任务开展工作；

（二）组织社员结合实际学习马克思列宁主义、毛泽东思想、邓小平理论、"三个代表"重要思想和科学发展观，学习有关方针、政策以及社章、社史，学习科学、文化、法律和业务知识，提高社员的素质；

（三）努力发挥我社组织的特点和优势，在推动社员做好本职工作的同时，注重调查研究，围绕国家大政方针、社会重大问题开展议政活动，并按社的组织系统反映意见、建议；

（四）关心社员的工作、学习和生活，发现、培养并向上级组织推荐优秀人才；

（五）联系群众，协调关系，加强团结，认真开展组织生活；

（六）发展社员，收缴社费。

第六章　社的干部

第三十九条　本社按照德才兼备的原则选拔干部，努力建设高素质的干部队伍。

建立健全民主推荐培养选拔干部制度，重视教育、培训、选拔和考察干部，不拘一格地选拔在改革开放和社会主义现代化建设以及社务工作中实绩突出的、社员信任的优秀干部。

第四十条　社的各级领导干部必须模范地履行本章程第三条所规定的社员的各项义务，具有坚定正确的政治信念和较强的政治把握能力、参政议政能力、组织领导能力和合作共事能力，具备以下的基本条件：

（一）具有履行职责所必需的理论政策水平，努力运用马克思列宁主义的立场、观点、方法分析和解决实际问题。

（二）热爱社组织，有强烈的事业心和政治责任感，有胜任领导工作的组织能力和领导水平。

（三）清正廉洁，谦虚谨慎，联系群众，有开拓进取和奉献精神。

（四）坚持民主集中制，顾大局，识大体，作风民主，公道正派，善于团结同志一道工作。

第四十一条　社的中央和地方组织的各级领导干部实行任期制，对同一职务任期一般不超过两届。

第四十二条　建立对社的各级领导干部的考核和评议制度，健全社内自我约束和自我监督机制。

第七章　附则

第四十三条　本章程经社的全国代表大会通过后施行。解释权属中央常务委员会。

九三学社简介

九三学社，中华人民共和国现有的民主党派之一。为纪念 1945 年 9 月 3 日中国抗日战争和世界反法西斯战争胜利而取名，其宗旨是"爱国、民主、科学"。九三学社的人员组成以科学技术界高、中级知识分子为主，常见职业分布为教师、医师、工程师，等等。九三学社拥有政党性质，具体参政方式为与中国共产党结成政治联盟。

一、发展历史

九三学社的前身是民主科学座谈会。1944年底，一批进步学者为争取抗战胜利和政治民主，继承和发扬五四运动的民主、科学精神，在重庆组成民主科学座谈会，讨论时局，发表政见。后为纪念1945年9月3日抗日战争和国际反法西斯战争胜利，于1946年5月4日在座谈会基础上正式成立九三学社。解放战争时期，九三学社支持中国共产党的各项政治主张，在北平、上海、南京、重庆等地积极参加中国共产党领导的反内战、反饥饿、反迫害等运动。1949年1月，九三学社发表宣言，响应中共中央毛泽东主席的八项和平主张，拥护召开新政治协商会议。1949年9月，九三学社代表参加了中国人民政治协商会议第一届全体会议，参与了《中国人民政治协商会议共同纲领》的制定、中央人民政府的组成和中华人民共和国的建立。

中华人民共和国建立后，九三学社郑重宣布：接受中国共产党的领导，以《中国人民政治协商会议共同纲领》作为自己的政治纲领。此后，九三学社作为中国共产党领导的多党合作中的一个民主党派和爱国统一战线的成员，参加国家政权。1956年2月和1958年12月，九三学社先后召开第一、第二次全国代表大会。九三学社在团结推动成员及所联系的人士，积极投身于中国共产党领导的社会主义的经济、科技、教育等各项建设事业，为加强全国人民的团结，巩固人民民主专政，推动社会主义革命和社会主义建设事业作出了自己的贡献。

1978年中国共产党第十一届三中全会以后，九三学社恢复了活动。随着全国工作重点的转移，九三学社把工作重点转移到为现代化建设服务上来。1979年10月和1983年12月，九三学社先后召开了第三、第四次全国代表大会，确定九三学社以经济建设为中心，致力于发展和完善业已确立的中国共产党领导的多党合作和政治协商制度，继续参加国家政权，参与国家大政方针和国家领导人选的协商，参与国家事务的管理，参与国家方针、政策、法律、法规的制定和执行，遵循同中国共产党"长期共存、互相监督、肝胆相照、荣辱与共"的方针。在国家政治生活、社会生活和建设事业中，九三学社发挥了越来越大的作用，诸如维护成员的合法权益，协助中国共产党和政府落实知识分子政策；就教育、科技、知识分子问题、经济建设等方面的重大课题进行调研，向中共和政府提出意见和建议；面向社会开展智力开发、科技咨询和支边支农等活动；推动成员和所联系的广大科学技术、高等教育和医药卫生界专家学者做好岗位工作，为改革和现代化建设多做贡献；协调有关方面的关系，维护安定团结的政治局面，积极开展海外联络和人民外交活动，促进祖国统一和国际间的相互了解。

二、工作任务

2012年12月，九三学社第十次全国代表大会部分修改《九三学社章程》，确定本社的基本任务是：坚定不移地坚持社会主义初级阶段的基本理论、基本路线、基本纲领和基本经验，贯彻执行"长期共存、互相监督、肝胆相照、荣辱与共"的方针，维护宽松稳定、团结和谐的政治环境，高举爱国主义、社会主义旗帜，团结全体社员和所联系的知识分子，牢牢把握发展这个第一要务，不断解放思想，坚持改革开放，推动科学发展，促进社会和谐，为实现新世纪新阶段全面建设小康社会、加快推进社会主义现代化、开创中国特色社会主义新局面的奋斗目标，为实现推进现代化建设、完成祖国统一、维护世界和平与促进共同发展的新世纪三大任务贡献力量。

在新的历史时期，九三学社把工作重点转移到为社会主义现代化建设服务上来，不断开拓新局面。九三学社贯彻"以经济建设为中心，坚持四项基本原则，坚持改革开放"的基本路线，坚持中国共产党领导的多党合作和政治协商制度，参加国家政权，参与国家大政方针和国家领导人选的协商，参与国家事务的管理，参与国家方针、政策、法律、法规的制定执行。九三学社充分发挥人才和智力优势，就实施科教兴国、可持续发展战略，依法治国方略和科技、教育、经济、文化等重大课题进行调研，向中共中央领导同志提出了《关于建立长江上游生态保护和资源开发区的建议》《大西南连片贫困岩溶地区脱贫与振兴经济建设的建议》和关于建设好延安革命纪念地、建立"农业建设专项基金"等建议，向中共中央和政府先后提出了促进科技成果转化为现实生产力、生态保护和资源的合理开发利用、实行产业化经营、大力推进中西部农村经济的发展、环境保护、实施人才战略、西部大开发、自主技术创新、三农问题等方面的多项重要建议，受到中共和国家有关方面的重视；面向社会，积极开展科教服务、支边扶贫活动，以"九广"（九三学社四川省委与四川广元市）、"九临"（九三学社山西省委与山西临汾市）、"九通"（九三学社内蒙古区委与内蒙古通辽市）三个科教合作区为重点，为老、少、边、贫地区的经济建设和社会发展提供了有力支持；多渠道、多层次开展海外联络工作，为促进祖国和平统一服务；努力参加社会主义精神文明建设的实践，为提高全民族的思想道德素质和科学文化素质贡献力量。在建设有中国特色社会主义伟大事业中，九三学社作为参政党，在国家政治经济和社会生活等领域发挥着越来越重要的作用。九三学社努力学习、实践"三个代表"重要思想，团结带领广大成员在中国共产党领导下，以奋发有为、开拓创新、与时俱进的精神，把九三学社建设成为适应新世纪要求的参政党，为实现我国在新世纪的宏伟目标不懈奋斗。

随着工作的进展，九三学社组织有了很大发展。到现在，九三学社拥有社员12万多人，其中60%拥有高级职称。在参政方面，九三学社现有104位全国政协委员，70位全国人大代表，19人任省级政协副主席，4人任省级人大常委会副主任，4人在政府任副省长或直辖市副市长。在学术方面，九三学社先后拥有160余位中国科学院院士（学部委员）与中国工程院院士，许多成员为中国科技事业做出了卓著贡献。九三学社社员王淦昌、邓稼先、赵九章、陈芳允、程开甲获"两弹一星功勋奖章"，王选、黄昆荣获2001年度国家最高科学技术奖。师昌绪荣获2010年度国家最高科学技术奖。

九三学社中央历任主席为许德珩、周培源、吴阶平，现任主席韩启德。

二、国际科学与和平周活动简介

（一）国际科学与和平周

"国际科学与和平周"（International Week of Science and Peace），是1988年12月第43届联大通过的，将每年11月11日所属的一周定为国际科学与和平周。在这一周里，各成员国要举行相关活动，以宣传科技在保持世界和平和社会发展中所起的重要作用，为争取和平的国际环境而努力。

1986年第一次庆祝国际科学与和平周，是作为国际和平年的一部分庆祝的。国际科学与和平周的活动是按照一个非政府的倡议组织的，组织者们设法鼓励国际上最广泛地参与庆祝活动。

1986年庆祝活动取得成功，联合国大会承认一年一度庆祝活动的价值，并于1988年12月通过第43/61号决议，宣布每年11月11日所在的那个星期为"国际科学与和平周"。大会促请各会员国、政府向组织和非政府组织鼓励有关机构、协会和个人赞助有利于研究和传播关于科技进展与维持和平与安全之间的关系的资料的活动，促请会员国促进科学家间的国际合作。

每年庆祝国际科学与和平周对促进和平有重要贡献。科学与和平周鼓励就具有普遍重要意义的题目进行更多学术交流，同时又引起一般公众对科学与和平的关系的更高认识。

（二）在中国的发展

为响应联合国的号召，自 1989 年起，由中国人民争取和平与裁军协会、中国科学技术协会及中国国际友谊促进会联合各人民团体、民主党派、工商联、科研院校和包括光明日报在内的新闻界等几十家单位，共同举办以"发展科学、振兴中华、保卫和平、造福人类"为主旨的"国际科学与和平周"活动，每年一届，并且都设置了一个具体的主题。此项活动得到党和国家领导人的关怀和支持，全社会积极参与，特别是科技界、企业界及青少年学生组织各种各样的活动，获得了很好的效果。

（三）我国历届"国际科学与和平周"活动主题

年份	届次	主题
1989 年	第一届	热爱祖国、热爱科学、热爱和平
1990 年	第二届	热爱祖国、热爱科学、热爱和平
1991 年	第三届	热爱祖国、热爱科学、热爱和平
1992 年	第四届	热爱祖国、热爱科学、热爱和平
1993 年	第五届	热爱祖国、热爱科学、热爱和平
1994 年	第六届	科学、和平、友谊
1995 年	第七届	发展科学、振兴中华
1996 年	第八届	让公众理解科学、用科技造福人类
1997 年	第九届	人口、环境、资源与可持续发展
1998 年	第十届	科教兴国、走向新世纪
1999 年	第十一届	发展科学、振兴中华、保卫和平
2000 年	第十二届	科教兴国、开创和平
2001 年	第十三届	发展科学、维护和平
2002 年	第十四届	传播科学、维护和平、促进发展
2003 年	第十五届	维护和平、促进发展、培育人才、科教兴国
2004 年	第十六届	科学、和平、合作、发展
2005 年	第十七届	构建和谐社会、促进经济发展、维护世界和平
2006 年	第十八届	全面落实科学发展观，携手建设持久和平、共同繁荣的和谐世界
2007 年	第十九届	科学发展、共建和谐
2008 年	第二十届	科学和平、和谐发展
2009 年	第二十一届	弘扬科学，关注民生，发展公益，促进和谐
2010 年	第二十二届	绿色、低碳、健康、和谐
2011 年	第二十三届	弘扬科学精神，承担社会责任，促进和谐发展，共建创新型国家
2012 年	第二十四届	促进科学发展，推动文化建设，共建和谐世界

三、九三学社双流县委员会获奖项目、科技成果、科技论文和文艺作品发表情况

（一）九三学社双流县基层组织 1994—2013 获奖情况统计表

获奖时间	受奖励表彰的称号	给予奖励表彰的单位	备注
1994.12	先进社务工作单位	九三学社四川省委、成都市委	
2002.12	社务工作先进集体	九三学社成都市委	
2004.12	全国先进基层组织	九三学社中央委员会	
2005.9	全国先进基层组织	九三学社中央委员会	
2005.12	先进基层组织	九三学社四川省委	
2005.8	先进基层组织	九三学社四川省委	
2007.2	2006年度先进基层组织	九三学社成都市委	
2008.12	抗震救灾先进集体	九三学社四川省委	
2008.12	政治交接学习教育活动先进集体	九三学社四川省委	
2008.1	2007年度先进基层组织	九三学社成都市委	
2010.1	2009年度先进集体	九三学社成都市委	
2010.12	2010年度先进基层组织	九三学社四川省委	
2010.12	优秀基层组织	九三学社成都市委	
2012.1	2011年度基层组织先进集体	九三学社成都市委	
2012.12	2012年度基层先进集体	九三学社成都市委	

（二）九三学社双流县委员会社员 1984—2013 获表彰奖励情况统计表

姓名	获奖时间	受奖励表彰的称号	给予奖励表彰的单位	备注
马万才	1984	双流县科技工作积极分子	双流县人民政府	
	1984	成都市科技工作积极分子	成都市人民政府	
白玉琳	2007	全国中学生作文大赛优秀指导教师	《中学语文报》主办	
白茹雪	2005	双流县优秀青年教师	双流县教育局	
	2006	双流县先进德育工作者	双流县教育局	
刘力	2011	房管系统信访工作先进个人	成都市城乡房产管理局	
	2011	双流县政法、综治、稳定、信访、普法工作先进个人	中共双流县委 双流县人民政府	
	2012	房管系统信访工作先进个人	成都市城乡房产管理局	

续表

姓名	获奖时间	受奖励表彰的称号	给予奖励表彰的单位	备注
阳俊伟	1989.05	先进工作者	资阳县文教局	
	1995.10	先进教师	资阳市教育委员会	
	2000.01	师德标兵	资阳市教育委员会	
邱平	1996.05	第三届全国科技市场金桥奖个人奖	国家科学技术委员会	
	2005.08	双流县创建国家环境保护模范城市先进个人	双流县人民政府	
	2006.02	2005年度绿化工作先进工作（生产）者	成都市绿化委员会	
	2007.01	2006年度"加快产业发展年"工作先进个人	中共双流县委 双流县人民政府	
	2007.02	2006年度安全生产工作先进个人	中共双流县委 双流县人民政府	
	2009	完成工作目标任务先进个人	中共双流县委 双流县人民政府	
	2009	2008年度工业经济工作先进个人	中共双流县委 双流县人民政府	
	2009	2008年度重点建设项目先进个人	中共双流县委 双流县人民政府	
	2009	2008年度环保模范县创建工作先进个人	中共双流县委 双流县人民政府	
	2009	2008年度招商引资工作先进个人	中共双流县委 双流县人民政府	
李芳平	2006	双流县优秀政协委员	政协双流县委员会	
	2007	2007年度"三新"突破年先进个人	中共双流县委	
	2008	2008年度社会主义新农村建设工作先进个人	中共双流县委	
	2008	2008年度统筹城乡发展,深入推进城乡一体化先进个人	中共双流县委 双流县人民政府	
	2008	抗震救灾先进个人	政协双流县委员会	
李英杰	2003	2003年度"五个一"活动先进个人	政协双流县委员会	
	2003	1998—2002年度优秀提案人	政协双流县委员会	
	2007	《建立健全政府救助机制,解决"三无人员"医疗费用》优秀提案奖	政协双流县委员会	
李亭艺	2009	代表双流县参加成都市总工会庆国庆文艺汇演荣获一等奖	成都市总工会	
	2011	第十届成都市艺术人才选拔赛,获"优秀指导教师奖"	成都市教育局 成都市文化局	
	2011.12	全国青少年艺术选拔大赛四川赛区获"优秀指导教师奖"	四川省文化厅	

续表

姓名	获奖时间	受奖励表彰的称号	给予奖励表彰的单位	备注
李亭艺	2012.06	成都市第六届中小学艺术节获"优秀指导教师奖"	成都市教育局	
	2013	第十二届学生优秀艺术人才选拔赛获"优秀指导教师奖"	成都市教育局 成都市文化局	
	2007	2007年双流县迎新春歌手大赛获一等奖	中共双流县委 双流县人民政府	
张星元	1987.03	成都市先进工作者	成都市政府	
张 静	2009	四川省中小学自制教具评选活动先进个人	四川省教育厅技装处	
	2011	成都市实验教学工作先进个人	成都市教育技术装备管理所	
	2012	四川省第四届幼儿玩教具展评活动中被评为先进个人	四川省教育厅技装处	
胡月明	2004	成都市学校食品卫生监督量化分级管理先进工作者	成都市教育局 成都市卫生局	
	2005	成都市学校食品卫生监督量化分级管理先进工作者	成都市卫生执法监督支队	
	2006	学校食品卫生安全工作先进个人	双流县人民政府	
	2010	成都市学校周边治安综合治理工作中成绩显著被评为先进个人	成都市综合治理委及学校周边治安综合治理工作领导小组办公室	
侯利蓉	2005	天然林资源保护先进个人	成都市人民政府	
	2011	防控工作先进个人	四川省松材线虫防控指挥部	
赵 晓	2007	优秀青年	九三学社成都市委	
夏仕蓉	1986.09	为四化服务先进个人	九三学社四川省农科院支社	
	1988.09	先进个人	九三学社四川省农科院支社	
	1990.08	四川省优秀社员	九三学社四川省委	
	1994.09	社务工作积极分子	九三学社成都市委	
	1994.11	社务工作积极分子	九三学社四川省委	
	1990.04	在农业战线取得显著成绩奖	政协成都市委员会	
	1989.03	先进个人	政协双流县委员会	
	1991	1990—1991年度先进个人	政协双流县委员会	
	1992	先进个人	政协双流县委员会	
	1981	先进工作者	成都市人民政府	
	1986	先进工作者	中共双流县委 双流县人民政府	
	1987	先进工作者	中共双流县委 双流县人民政府	
	1995	先进科技工作者	中共双流县委 双流县人民政府	

续表

姓名	获奖时间	受奖励表彰的称号	给予奖励表彰的单位	备注
夏仕蓉	1998	双流县1997年两系杂交水稻试验、示范工作先进个人	双流县人民政府	
	1983	先进工作者	四川省科协	
	1983	农业科技技术推广工作荣誉证书	农牧渔业部	
	1990	优秀人大代表	成都市人大常委会	
郭彦	2009.05	荣获成都市第九届中小学生艺术节指导老师一等奖	成都市教育局	
	2009.06	全国第十四届中小学生绘画书法作品比赛荣获书法类指导工作一等奖	教育部艺术教育委员会	
	2010.05	获成都市第九届中小学生优秀艺术人才选拔赛优秀指导教师	成都市教育局 成都市文化局 共青团成都市委	
	2010.06	全国第十五届中小学生绘画书法作品比赛荣获书法类指导工作一等奖	教育部艺术教育委员会	
	2011.05	双流县第十届中小学生艺术节书法类指导工作一等奖	双流县教育局	
	2011.05	获成都市第十届中小学生优秀艺术人才选拔赛优秀指导老师	成都市教育局 成都市文化局 共青团成都市委	
	2011.06	全国第十六届中小学生绘画书法作品比赛荣获书法类指导工作一等奖	教育部艺术教育委员会	
	2011.09	"2011年成都市中小学生写经典、画经典活动现场比赛"指导类工作一等奖	成都市教育局 成都市语委	
	2011.11	第五届全国少年儿童美术、书法作品大赛优秀指导老师	中国少年儿童美术教育委员会	
	2012.05	双流县中小学生艺术选拔比赛被评为优秀指导教师	双流县教育局	
	2012.05	获成都市第十一届中小学生优秀艺术人才选拔赛优秀指导老师	成都市教育局 成都市文化局 共青团成都市委	
	2013.05	获成都市第十二届中小学生优秀艺术人才选拔赛优秀指导老师	成都市教育局 成都市文化局 共青团成都市委	
徐康	2007.06	全民创业先进个人	中共双流县委 双流县人民政府	
	2008.01	统筹城乡深入推进城乡一体化先进个人	中共双流县委 双流县人民政府	
	2009.02	农业农村工作先进个人	中共双流县委 双流县人民政府	
	2010.01	成都市九三学社优秀基层社员	九三学社成都市委	

续表

姓名	获奖时间	受奖励表彰的称号	给予奖励表彰的单位	备注
程琢玉	2002.01	先进个人	双流县人民政府	
	2008.12	优秀普通话测试员	成都市语言文字工作委员会	
彭锦	2012	双流县行政效能工作先进个人	双流县人民政府	
	2012	双流县政法系统主题教育实践活动先进个人	中共双流县委	
蒲光树	2001.06	1996—2000年度环境保护先进个人	双流县人民政府	
	2005.09	优秀社员	九三学社中央委员会	
	2006.01	2005年度参政议政工作积极分子	九三学社成都市委	
	2007.02	2006年度参政议政积极分子	九三学社成都市委	
	2008.01	2007年度参政议政积极分子	九三学社成都市委	
	2009.01	2008年度参政议政积极分子	九三学社成都市委	
	2010.01	2009年度优秀社务工作者	九三学社成都市委	
	2010.12	2010年度优秀基层主委	九三学社成都市委	
	2009.12	优秀社务工作者	九三学社四川省委	
	2010.09	优秀社员	九三学社中央委员会	
	2011.07	2010—2011年度全国参政议政工作先进个人	九三学社中央委员会	
	2012.01	2011年度优秀社员	九三学社成都市委	
谭国庆	2008.09	"第四届双流县名教师"称号	中共双流县委 双流县人民政府	
潘泽恩	2010	双流县首届名中医	双流县人民政府	
	2010	成都市劳动模范	成都市人民政府	
魏知常	2008	四川省50年（1950—2008）50位优秀科普作家	四川省科学技术协会	

注：以姓氏笔画为序。

（三）九三学社双流县委员会社员1986—2013论文发表情况统计表

姓名	发表时间	论文题目	发表刊物和获奖情况	备注
干大木	1986.02	《浅析双流县西瓜商品生产》	双流县农学会优秀论文	第一作者
	1988	《西瓜双膜覆盖早熟丰产栽培技术》	《瓜类科技》杂志第3期	第一作者
	2001	《双流县草莓持续发展的思考》	《长江蔬菜》杂志第5期	第一作者
	2002	《关于双流县草莓可持续发展的问题与思考》	《柑桔与亚热带果树信息》第11期，双流县农学会优秀论文	第一作者
	2002.01	《双流县水果业结构再调整之我见》	双流县农学会优秀论文	第一作者

续表

姓名	发表时间	论文题目	发表刊物和获奖情况	备注
干大木	2003	《以协会带动产业发展以产业促进协会发展》	《成都农牧》第06期	第一作者
	2004	《市场竞争与农民增收》	《中华科技学报》第01期，被光明日报、中华科技学报评为一等奖	第一作者
	2004	《从草莓市场竞争谈品牌创立》	《柑桔与亚热带果树信息》第06期	第一作者
	2005	《双流县冬草莓无公害生产与思考》	《柑桔与亚热带果树信息》第05期	第一作者
	2003—2006	《双流冬草莓产业发展与思考》	双流县科技论文二等奖	第一作者
	2003—2006	《冬草莓白粉病预防与治疗》	双流县科技论文三等奖	第一作者
	2006	《农民对科技有效需求不足是农业发展亟待解决的问题》	《大学时代》第02期	第一作者
	2007	《双流冬草莓生产现状及发展思路》	双流县优秀科技论文	第一作者
	2007	《冬草莓褐毛果和畸形果发生与防治》	双流县优秀科技论文	第一作者
山琳霞	2009.06	《联合应用经腹及经阴道超声诊断异位妊娠79例体会》	《四川生殖卫生学院学报》，获双流县科协优秀科技论文一等奖	第一作者
	2009.01	《超声在急性阑尾炎诊断中的应用价值》	《内蒙古中医药》	第一作者
	2008.12	《65例乳腺肿瘤患者二维及彩色多普勒超声特征分析》	《内蒙古中医药》	第一作者
王功玉	2012	《发挥情志护理在中医护理中的作用》	《中国保健营养》	
白玉琳	2008	《意称物，文逮意》	《中国教育论坛》	
白茹雪	2003.11	《话题作文的拟题技巧》	《招生考试报》	
刘建军	2002	《血吸虫肝病的CT特点》	《海南医学》	
	2003	《胆囊癌的CT诊断及鉴别诊断》	《重庆医学》	
	2004	《胰腺损伤的CT特征》	《中国实用影像技术学》	
	2006	《自身免疫性胰腺炎的CT诊断价值》	《川北医学院学报》	
	2008	《机化性肺炎的CT特点》	《临床放射学杂志》增刊	
	2012	《螺旋CT对胃肿瘤的诊断价值》	《大众健康》	
孙皓	2004.08	《一氧化碳中毒误诊热性惊厥1例》	《成都医药》第4期	
	2008.05	《脑卒中后康复训练影响神经功能恢复机制的研究进展》	《中华物理医学与康复》杂志第5期	
	2009.09	《运动训练对脑出血大鼠脑组织中IL-10和caspase-3表达的影响》	《中国康复医学》杂志第9期	
	2009	《铁树果中毒1例》	《四川医学》第11期	
	2010	《脑出血大鼠脑组织白介素-10和半胱氨酸蛋白酶-3表达的改变》	《临床神经病学》杂志第2期	
	2010	《法舒地尔联合银杏达莫治疗脑梗死临床疗效观察》	《四川医学》第2期	

续表

姓名	发表时间	论文题目	发表刊物和获奖情况	备注
孙 皓	2010	《血塞通片联合阿司匹林治疗TIA临床观察》	《四川医学》第6期	
	2012.02	《中药补养还五汤对脑出血大鼠脑组织水通道蛋白4表达的影响》	《临床神经病学》杂志第2期	
	2013.04	《补阳还五汤化裁对大鼠脑出血后脑水肿的影响》	《中国医药》导报第2期	
阳俊伟	2002.12	《浅谈学生语文阅读兴趣的培养》	市三等奖（成都市教育科学研究所 成都市教育学会中学语文专业委员会）	
	2003.09	《中学生学业负担过重的教学内部成因与对策》	省二等奖（四川省教育厅	
	2005.04	《浅谈语文教学中学生主体性教学的策略》	市三等奖（成都市教育科学研究所 成都市教育学会中学语文专业委员会）	
	2005.04	《论语文教学中培养学生反思能力的策略》	市二等奖（成都市教育科学研究所 成都市教育学会中学语文专业委员会）	
	2006.12	《理解父母，和谐相处》	国家级三等奖（中国教育学会中学德育专业委员会 全国班主任工作学术委员会）	
苏学操	1987.06	《参改制板法试制耐高压阳极片》	中国电子学会生产技术学会交流	
	1982.12	《苯并三氮唑》	《工艺简讯》1982年12期	
	1982—1988	《铝材电镀述评-基板预处理三种主要方法的讨论》	1982—1988年《电镀》杂志	翻译论文
张正明	1992	《华阳洪灾及防洪对策》	《成都水利》杂志 成都市优秀论文	
李芳平	1991	《浅谈中专生理学第九章的教材组织》	《四川生理科学》杂志	
	1994	《延吸气性神经元在膈神经核平面交叉投射的电生理证据》	《华西医科大学学报》	
	1995	《中专生理教学中的例子应用》	《四川生理科学》杂志	
	1998.10	《生理教学与能力培养》	《中等医教》第4期	
	1999	《浅谈生理知识的记忆》	《生理通讯》18卷增刊	
	1999	《细胞因子诱导胰岛β细胞凋亡机理及其牛磺酸保护作用的实验研究》	《生理通讯》18卷增刊	
	2008	《村卫生站运行机制改革势在必行》	《中外健康文摘》	
	1997	教材《生理教学目标及检测》编委	《四川省科技出版社》	
	1999	中华医学会医学美容学与美容学会《人体解剖生理学》教材编委	《人体解剖生理学》人民卫生出版社	
	2010	①《四川省双流县乡镇卫生院人员配备情况探析》②《四川省双流县农村居民健康体检知信行及影响因素调查》③《四川省双流县乡镇卫生院建设现状调查分析》	《实用医院临床》杂志第7卷第6期	

姓名	发表时间	论文题目	发表刊物和获奖情况	备注
李芳平	2011.07	《四川省双流县镇级医疗单位药品配送现状调查》	《实用医院临床》杂志第11卷第7期	
	2011.11	《小康型乡镇卫生院特色专科创建模式初探》	《实用医院临床》杂志第8卷第6期	
	2011.05	《四川省双流县乡镇卫生院科室设置调查分析》	《实用医院临床》杂志第8卷第3期	
	2011.07	《四川省双流县镇级医疗单位药品配送现状调查》	第11卷第7期	
	2011.08	《四川省双流县镇级医疗单位居民健康体检现状调查》	第11卷第8期	
李英杰	1998.10	《10~11岁农村儿童幽门螺旋杆菌感染分析》	《中国全科医学》	
	2011.7	《儿童消化性溃疡66例分析》	《北京医学》	
	2000.12	《氨茶碱加异丙嗪治疗小儿变异性哮喘108例分析》	《实用新医学》	
	2011.04	《36例幽门螺旋杆菌感染儿童胃镜分析》	《医学信息》	
李亭艺	2005	《浅谈中国古典美——出水芙蓉》	中国教育系统（基础教育）年度论文评选活动口获二等奖	
	2006	《论拉赫马尼洛夫的C小调第二钢琴协奏曲》	中国教育系统年度论文评选活动中获二等奖	
	2012.04	《新课标下的中学音乐教学探索》	中国人文社会科学核心期刊《教育科学》2012年总109-2期	
	2012.06	《初中音乐教学在素质教育中的作用》	双流县中小学艺术选拔赛中获一等奖	
何新蓉	2011.10	《57例早产临床与相关危险因素分析》	《医学理论与实践》	
	2011.11	《腹壁切口子宫内膜异位症38例临床分析》	《医学信息》	
	2012.06	《米索前列醇预防剖宫产产后出血的临床疗效观察》	《北方药学》	
张 静	2012	《多功能光学演示器》	《教育技术与装备》杂志（国内统一刊号：CN51-1677/G4）发表	
	2012.12	《从实验教学谈培养学生的创新能力》	荣获四川省第七届教育技术装备论文评选活动一等奖	
	2013.04	《贯彻〈中小学实验室规程〉提高学校实验教学效益探索》	在四川省第五届中国教育装备论坛论文初选评审活动中荣获一等奖	
易世福	2001	《四川省双流县血吸虫病传播控制情况报告》	《实用寄生虫病》杂志第9卷3期	
	2001.09	《吡喹酮治疗1600例血吸虫病不良反应出现率的观察》	《现代预防医学》第28卷	

续表

姓名	发表时间	论文题目	发表刊物和获奖情况	备注
易世福	2001.11	《调节神经功能治疗皮肤瘙痒症的疗效观察》	《中华临床疾病诊治与预防》	
周嗣全	1987	《谈谈明线高十二路的频率特性》	《四川通信学会》会刊	
	2013.06	《书法》	《文物鉴定与鉴赏》杂志（总第40期）	
胡月明	1997	《硝苯啶缓释片对高血压患者夜间血压的作用》	《预防医学情报》杂志第13卷第4—A期 CN51—1276/R	
	1997	《双流县煎茶镇沿溪村村民乙肝病毒携带情况调查分析》	《预防医学情报》杂志第15卷第3—A期 CN51—1276/R	
	1997	《双流县从业人员HBsAg携带情况调查》	《预防医学情报》杂志第14期 CN51—1276/R	
赵晋荣	2000	《县级医院安置永久性心脏起搏器5例报告》	《四川医学》	
	2009	《参附注射液治疗心源性休克临床疗效观察》	《实用心脑肺血管病》	
	2009	《急性百草枯中毒43例救治体会》	《医学综述》	
	2010	《急性呼吸窘迫综合征的预后指标分析》	《实用心脑肺血管病》	
赵 晓	2002	《枇杷园稻草覆盖试验简报》	《西南园艺》杂志	
夏仕蓉	1983.11	《双流县水稻亩产超千斤技术调查》（并印发至全市各县、村级组织）	《成都市科技情报》杂志，获成都市科委"成都市科技情报调研成果奖"	
	1991.12	《硅肥在杂交水稻生产中的增产效应》	市科协评为1988—1991年度优秀科技论文	
	1981—1984	《再生稻高产配套技术的研究与应用等》	在《成都科技情报》刊物上多次发表	
	1981—1984	《提高留桩高度（20～25厘米）是再生稻成败的关键技术》	在《成都科技情报》刊物上多次发表	
徐 康	2003.12	《从草莓市场的竞争谈品牌的创立》	县科技论文二等奖《草莓研究进展》第一集	
	2004.02	《双流无公害草莓生产现状与对策思考》	县科技论文三等奖《草莓研究进展》第一集	
	2005.09	《绿色食品——草莓生产与思考》	评为优秀论文"中国科技发展精典文库"	
	2010.11	《信息直通三农 服务直达三农》	2010年县优秀科技论文	
龚文贤	1991	《复方新诺明片的最小二乘—紫外分光光度直接测定法》	《华西药学》杂志	
	1991	《复方制剂中黄芪和川芎的薄层层析同时鉴别》	《华西医药》杂志	

续表

姓名	发表时间	论文题目	发表刊物和获奖情况	备注
蒲光树	1994.12	《在语文教学中培养学生审美情趣》	《四川教育》第12期	
	1995.03	《谈谈作文批改后的阅读指导》	《语文教学通讯》第3期	
	1995.07	《温习教案是语文教学的重要环节》	《四川教育》第7~8期	
	1995.08	《浅读初中语文教材"小知识"短文的运用》	《语文教学与研究》第8期	
	1996.11	《谁"逃避了道德文明的教育"?》	《中学语文教育》第11期	
	2001.11	《县级人大常委会工作效益最大化分析》	《人民代表报》	
	2003.05	《乡镇人大监督的尴尬与对策》	《人大研究》第5期	
	2006.11	《论地方人大工作创新》	《民主法制建设》第11期	
	2012.08	《关于人大主任的一些思考》	中共中央文献出版社采用	
蒲 飞	2012.11	《2012年高考数学（四川卷）部分试题解析》	《四川省招生考试报》高考周刊第3期	
谭国庆	2009.03	《遵循教育规律探索音乐教法》	教育部主管的国际刊号、全国统一刊号、国内公开发行的期刊《新课程研究》（教师教育），并获教研论文一等奖	
	2009.06	《浅论音乐教学》	全国统一刊号、国内公开发行的报刊《学习方法报、教研版》第97期（总第2913期）。并获教研学术论文评为一等奖	
廖肇芳	1984	《由双曲线的渐近线、切线求双曲线的方程》	《四川师范大学学报（自然科学版）》1984第01期	
潘泽恩	2000.02	结肠透析治疗重症胰腺炎并急性肾功不全10例	《实用医学》	
	2000.12	大剂量大黄及芒硝灌肠治疗重症胰腺炎25例疗效观察	《中华中西医》杂志	
	2001.09	《中药结肠透析治疗重症胰腺炎并腹水23例的报告》	《中华医学研究》杂志	
	2001.11	《运用张中景引导法治疗急性重症胰腺炎初探》	《中医杂志》	
	2002.09	《重症胰腺炎中药内外和治55例体会》	《中华医学研究》杂志	
	2002.03	《肝痈治验》	《江苏中医药》	
	2003.01	《重症胰腺炎脓肿》	《中医杂志》	
	2005	《米菲酮配合中药治疗异位妊娠48例分析》	《四川医学》杂志	
魏知常	1981	《双流平坝地区水稻缺素坐蔸类型的初步探讨》	《四川土壤通信》杂志	
	1985	《试论双流土壤的宜经性》	成都市科协首届优秀论文三等奖	

注：以姓氏笔画为序。

(四)九三学社双流县委员会社员 1985—2013 科技成果获奖情况统计表

姓名	获奖时间	科技成果名称	给予奖励的单位及奖励等级	备注
干大木	1985.06	推广西瓜优良品种"蜜宝"	四川省农牧厅农牧技术改进成果三等奖	主持
	1990.03	盆西北早生温州蜜柑、脐橙为主的柑桔大面积丰产配套技术推广应用	四川省农牧厅科技进步二等奖	参与
	1993.04	优质水果丰产栽培综合技术	成都市农牧局农业丰收一等奖	参与
	1993.08	西洋菜示范推广	四川省农牧厅农业丰收三等奖	参与
	1994.08	推广西瓜新品种郑杂5号	双流县人民政府科技进步三等奖	主持
	1994.08	草莓促成栽培	双流县人民政府科技进步二等奖	主持
	1994.08	蘑菇露地栽培	双流县人民政府科技进步三等奖	主持
	1995.02	枇杷、脐橙等名优水果高产优质综合配套技术	四川省农牧厅农业丰收二等奖	参与
	1995.06	名特优新蔬菜的示范推广	成都市农牧局农业丰收二等奖	参与
	1995.06	草莓促成栽培技术应用推广	成都市农牧局科技进步二等奖	主持
	1996.06	郑杂5号良种西瓜及配套技术推广	成都市农牧局农业丰收二等奖	主持
	1996.08	大棚蔬菜高效生产技术示范推广	成都市农牧局农业丰收二等奖	参与
	1997.07	露地蘑菇综合栽培技术示范推广	成都市农牧局农业丰收二等奖	参与
	1997.07	食用菌新品种(筛选)试验示范及丰产栽培技术推广	成都市农牧局农业丰收二等奖	参与
	1997.07	西瓜地膜覆盖栽培技术	成都市农牧厅科技进步四等奖	主持
	1997.08	洁净蔬菜新品种及配套技术示范	四川省农牧厅农业丰收奖二等奖	参与
	1998.03	蔬菜新品种示范推广	四川省农牧厅农业丰收奖三等奖	参与
	1998.05	优质高产蔬菜规范化栽培技术推广	成都市农牧局农业丰收奖二等奖	参与
	1998.08	双降解地膜示范应用	成都市农牧局科技进步二等奖	主持
	1998.08	西瓜枯萎病的综合防治	成都市农牧局科技进步四等奖	主持
	2000.08	伏夏秋莴笋栽培技术应用推广	双流县人民政府科技进步三等奖	主持
	2001—2002	草莓促成栽培技术应用推广	四川省金桥工程领导小组优秀项目一等奖,成都市人民政府优秀项目一等奖	主持
	2006.06	南方型草莓优质高产关键技术研究及产业化开发	山东省农业厅丰收一等奖	13名
	2007—2009	优质冬草莓标准化生产技术研究与应用	四川省人民政府科技进步三等奖,成都市人民政府科技进步三等奖,双流县人民政府科技进步一等奖	主持

续表

姓名	获奖时间	科技成果名称	给予奖励的单位及奖励等级	备注
王洪旭	1984	长江牌—I型瓦模成型、整形机	四川省计经委 技术改进二等奖	
	1985	长江牌P-100式液压劈木机	四川泸州市人民政府科技成果四等奖	
	1988	货用提升机	泸州市职工技术进步二等奖	
	2001	PP-R管材及管件的研制开发	双流县人民政府科技进步三等奖	
白玉琳	2007	如何拓宽学生的思维面	《中国教育》评选一等奖	
白茹雪	2007.09	《邹忌讽齐王纳谏》教学设计	中国教育学会全国中小学新课程优秀教学设计二等奖	
	2009.02	《初中语文教学中如何激发学生学习兴趣》	成都市2008年度教育改革与研究论文评选二等奖	
	2010.02	《当教学走入尴尬境地》	成都市2009年度教育改革与研究论文评选二等奖	
	2011.05	《黄河，母亲河》教学设计	双流县2011年度中学学科教学渗透德育优秀课案评选一等奖	
苏学操	1988.11	耐高压电容片制造技术	四川省电子工业厅优秀生产技术成果一等奖	
张正明	2005	金马河复式河床技术研究	四川省人民政府科技进步奖三等奖	
李芳平	2012.12	小康型乡镇卫生院信息化建设模式探索	成都市社会科学联合会 市社科界优秀科研成果奖	
	2012.02	远程医学院信息系统在乡镇卫生院的应用研究	四川省医学会 四川省医学院科技奖二等奖	
李英杰	2001	结肠透析治疗重症胰腺炎的临床研究	双流县人民政府科技进步二等奖	主持人
	2004	10～11岁成都郊区儿童HP感染率调查研究	双流县人民政府科技进步三等奖	证书号 20043048992057
陈明复	1985	四川盆西平原黄壤性水稻土肥力特征及培育措施的研究	四川省农科院科技进步二等奖	参与
	1995	四川省钾肥效应研究与应用	四川省农科院科技进步二等奖	参与
易世福	2001	双流县血吸虫病传播控制策略研究	双流县人民政府科技进步一等奖	
赵晓	2007	优质果丰产配套技术推广	四川省农业厅农业丰收一等奖	
	2007	秸秆覆盖果园培育优质水果配套技术研究与应用	成都市人民政府科技进步三等奖	
	2007	枇杷优质丰产栽培技术推广	成都市人民政府"金桥工程"一等奖	
赵晋荣	2001	安置人工心脏起搏器	双流县人民政府颁发科技进步三等奖	
姚刚	2008	高中学生数学学习现状调查与分析	四川省教育学会教育心理专委会二等奖	
	2009	高中数学学习滞后生产生的原因及心理特征分析	四川省教育厅颁发一等奖	
	2012	思维智力品质培养在教学中的实践与探索	成都市教科所一等奖	

续表

姓名	获奖时间	科技成果名称	给予奖励的单位及奖励等级	备注
夏仕蓉	1988	"常规水稻新品种82-4-38"育成	双流县人民政府科技进步三等奖	个人完成
	1988	"常规优质水稻82-4-38"育成	双流县人民政府科技进步三等奖	个人完成
	1989	优质稻米的开发利用	双流县政府科技进步三等奖	
	1990.05	粮食亩产过千斤、产值过千元集约化工程	省农牧厅89年度农业丰收二等奖	
	1991	硅肥在杂交水稻上的应用与推广	双流县人民政府1989~1991年度科技进步一等奖（科技主持人，第一完成者）	颁证日期1992年8月20日
	1985	"82-4-38"评选为全省优质稻米	由省农业厅组织全省有关专家评审结果（按农业部颁发优质标准）	
	1991	西瓜后作晚稻高产配套技术研究与应用推广	双流县人民政府1989~1991年度科技进步一等奖（科技主持人，第一完成者）	颁证日期1992年8月20日
	1993	蕉藕品种筛选、栽培技术及蕉藕淀粉应用的基础研究	双流县人民政府1992~1993年度科技进步一等奖（主研人员）	颁证日期1994年6月
	1998.11	秋洋芋稻草覆盖免耕栽培、秋大豆技术创新与应用	四川省人民政府科技进步三等奖（第一完成人）	登记号98-350；证书号956
	1999.12	稻草覆盖免耕栽培秋土豆技术创新与应用	成都市人民政府科技进步二等奖（第一完成人）	证书号992057
徐康	2004	优质枇杷丰产栽培技术	获省科学技术协会二等奖，市政府优秀项目一等奖，县政府科技进步一等奖	
	2006.12	延长大五星枇杷采收期技术研究与推广	县政府科技进步一等奖	
	2008.12	四川科技110示范工程项目	省政府科技进步一等奖	
	2010.09	农村新型科技信息服务体系建设技术集成技术研究与应用	县政府科技进步二等奖	
潘泽恩	2001	结肠透析治疗重症胰腺炎的临床研究	双流县人民政府科技进步二等奖	
魏知常	1982	土壤缺锌与水稻坐蔸	四川省农牧厅科技成果二等奖	
	1985	四川盆西平原黄壤性水稻土肥力特征及培肥措施的研究	四川省农科院科技进步二等奖	
	1988	川育8号小麦的示范推广	双流县人民政府科技进步二等奖	
	1989—1991	小麦免耕栽培技术研究与应用	双流县人民政府科技进步二等奖	
	1995	四川省钾肥效应研究与实用	四川省农科院科技进步二等奖	
	1992	小麦规范化栽培及病虫害防治技术	国家农业部丰收二等奖	
	1993	新型调节剂在杂交中稻高产栽培中的应用与推广	国家农业部丰收二等奖	
	2000	水稻旱育大苗高产高效栽培技术示范与推广	国家农业部丰收三等奖	
	1997	小麦稻草覆盖栽培的配套技术研究与应用	成都市人民政府科技进步三等奖	
	1999	杂交稻间种高杆糯稻高产配套栽培技术研究与推广	成都市人民政府科技进步三等奖	
	2001	稻茬麦免耕露播稻草覆盖高效简化栽培技术研究与推广	四川省人民政府科技进步二等奖	

注：以姓氏笔画为序。

（五）九三学社双流县委员会社员1996-2013文学作品和书画作品发表情况统计表

姓名	发表时间	文学作品或书画作品名称	发表刊物、出版社及获奖	备注
马万才	1996—2001	《难忘的聚会》《圆缺中秋月》《三拍歌声为哪般》《南竹记》《电话给我们带来了欢乐》(征文获二等奖)《苦尽甘来夕阳红》等多篇杂文、散文、随笔	发表于《成都晚报副刊》	
	2007—2010	《上访记》《祸年逃生记》《亲历大炼钢铁运动》	《龙门阵》杂志	
周嗣全	2005	"和谐中国"书法作品	桂林、香港全国书画名家邀请展一等奖，2005年中韩书画名家交流一等奖	
郭彦	2005	楷书作品入展首届谢无量书法创作奖暨四川省第四届书法篆刻作品展	入展，并入选"首届谢无量书法创作奖暨四川省第四届书法篆刻作品展"	
	2006	2006年小篆作品入展首届四川省妇女书法展	入展，并入选"首届四川省妇女书法展"	
	2007	2008年隶书中堂获四川省教师美术书法摄影展一等奖	四川省一等奖	
	2009	2009年作品《隶书对联敦行树德》获四川省建国六十周年教师美术书法摄影奖	四川省一等级	
	2011	2011年双流县庆国庆暨建党90周年展	入展并入选"2011年双流县庆国庆暨建党90周年展"	
	2012	隶书作品入展"四川省第七届书法篆刻新人新作展"	入选"四川省第七届书法篆刻新人新作展"	
	2012	作品入展中国书法家协会主办的"第五届全国妇女书法作品展"	入展并入选"第五届全国妇女书法篆刻作品展"	
程琢玉	2001.11	诗歌《山茶花（外二首）》	发表于《成都文化生活报》11月特刊	
	2008.08	诗歌《美景之殇》	发表于《成都晚报·四川力量》	
魏知常	1979—2012	科学诗《艾滋病的风》《不翼而飞的姑娘》《小河怨》《绿云》《人体中的海》《患病的土壤妈妈》《科学抒情诗》	获省市科学文艺各种奖，《患病的土壤妈妈》一诗入选《中国科学诗人作品选》，出版有《科学抒情诗》一集	

续表

姓名	发表时间	文学作品或书画作品名称	发表刊物、出版社及获奖	备注
魏知常	1979—2012	科学小品《生命的土壤》《黄花飘香》《水的警钟》《在水一方》《遍植芙蓉成风景》《野山野味话野菜》	获全国、省、市科学文艺奖，其中1995年创作的近万字的科学小品系列《野山野味话野菜》获全国科技报优秀作品二等奖，受到中华全国新闻工作者协会表彰，《从野姑娘到皇后》一文入选《四川科普作品选》，先后被四川生科普作家协会、成都市人民政府等单位授予"优秀科普作家"称号	
	2013.07	《魏知常科学诗选》	首届世界华人科普奖图书奖	

注：以姓氏笔画为序。

编 后 记

编纂《九三学社双流县志（1993—2013）》，共收集资料约40万字，成书15万字，图片43幅，并经过八次大的修改和补充，于2013年10月完成编写工作，通过了审核验收，交付出版。

九三学社双流县基层组织从5人小组，发展到支社，再壮大到现在拥有80人的充满生机与活力的社县委，走过了二十年的历程。在这二十年里，双流九三人高举"民主与科学"大旗，奋发昂扬，不断进取，为九三学社的光荣历史，为民主党派的崇高使命，为双流经济社会的发展作出了应有的贡献。双流九三人凭借勤劳与智慧在各个部门、各个行业所获得的荣誉虽不敢说可歌可泣，却也是可圈可点。本志将九三学社双流县基层组织二十年的历史和发展，二十年的工作积累和成果，二十年来每个社员的努力和心血，集于一册，以资存史育人。

《九三学社双流县志（1993—2013）》的编纂工作，从2012年12月开始，经过讨论筹备、收集资料、编辑撰写、校对审核、正式出版等阶段，历时将近一年。为编纂好本志，社县委组织编写班子，安排资料收集、志书编写的时间、人员。期间，主委蒲光树为把好质量关，多次召集编委会人员和有关人员，讨论、研究编写事宜；提供、撰写多篇具有历史价值的稿件；初稿出来后，又多次亲自审核、校对。副主委邱平根据志书编写体例拟定纲目，并与副主委李芳平积极收集资料、图片，校对稿件；班子的其他成员通过电话、网络等手段联系社员补充资料、校核文稿；原主委夏仕蓉和其他社员积极为编纂本志提供丰富翔实的基础资料。本志是双流九三人共同工作的成果，是双流九三人的心血凝成。

本志编纂主要由社员程琢玉负责。程琢玉凭着对九三学社的热爱，以高度负责的精神、严谨求实的态度，通过辛勤工作，完成了本志编纂工作，为九三学社双流县委员会永续发展作出了重要贡献！

本志的编纂得到了九三学社成都市委的关心和支持，九三学社成都市委主委、市政协副主席戴晓雁，副主委兼秘书长张平等领导在百忙工作之中，详细审阅本志送审稿，提出了颇有见地的建议和意见。戴晓雁主委还欣然为本志作序。

双流县史志办主任刘泽夫及有关负责人以极其认真负责的工作态度，从本志的体例、结构、记述方式等方面给予了专业指导，提出了宝贵的建议和意见。

在大家的共同努力下，本志较全面地、科学地反映了九三学社双流县基层组织的发展历程和历史事实。《九三学社双流县志（1993—2013）》是九三学社双流县基层组织二十年过往历史的总结，是对全体社员辛勤付出、无私奉献的褒奖，更是对未来辉煌发展的希冀！

本志编纂的顺利进行和成功出版，得力于九三学社成都市委、中共双流县委、统战部和其他有关单位的指导和支持，更是社县委领导班子和每一位社员共同努力的结果。在此，本志编写委员会一并表示诚挚的感谢！

由于部分资料缺失，时间较紧，编纂人员水平有限，在编纂过程中难免会有错误和疏漏，敬请大家提出宝贵意见，以便我们在今后续志中予以更正。

编委会
2013 年 10 月